KB265007

다 아는 것 같지만 아무도 모르는 경제 코드

부의 이동

미래커뮤니케이션 전략 연구소 | 윤철경 지음

모아북스
MOABOOKS

부의
이동

부의 이동

1판 1쇄 인쇄 2005년 3월 25일
1판 1쇄 발행 2005년 3월 30일

지은이 · 윤철경
발행인 · 이용길
기획/홍보 · 정윤상
편집/디자인 · 이룸
영업/제작 · 윤재현
발행처 · 도서출판 모아북스
독자서비스 · moabooks@hanmail.net
출판등록번호 · 제 10 - 1857호 (1999.11.15)
등록된 곳 · 경기도 고양시 일산구 백석동 1332-1 레이크하임 404호
전화 · 0505—6279—784   팩스 · 0502—7017—017
ⓒ윤철경, 2005 Printed in Korea

ISBN 89—90539—28—5 03320

contents

성공, 명예, 부 그리고 희망

미국의 포르노 재벌 앨 골드스타인은 한때 1,100만 달러의 재산을 가진 갑부였으나 2년 전 재산을 다 날리고 센트럴 파크 벤치를 전전하는 노숙자가 됐다. 1968년 포르노 잡지 〈스크류〉를 시작으로 각종 X등급 나이트 쇼를 제작했던 그는 매주 14만 부씩 팔리는 잡지의 매출과 든든한 광고주들의 도움으로 막대한 돈을 벌어들일 수 있었습니다. 하지만 '인터넷'이라는 가공할 경쟁자가 나타나면서 상황은 바뀌었습니다. 바이러스처럼 번지는 무료 포르노 동영상을 당해 낼 수가 없어 그는 결국 파산하고 말았습니다. 수년간 노숙자로 떠돌던 그는 얼마 전 70세의 노구를 이끌고 먹고 살기 위하여 시급 10달러의 빵집 점원으로 취직했습니다.

자본주의 사회에서 부의 축적은 분명 미덕입니다. 그러나 세상의 변화를 읽지 못한다면 어떠한 부라도 오래 지속되기는 어렵습니다. 앨 골드스타인이 인터넷 시대에 대한 정보력을 미리 갖추고 새로운 사업을 모색했다면 결과는 분명 달랐을 것입니다. 또한 부에 합당한 오블리주를 실천했다면 파산은 했을지라도 존경받는 부자로 남아 있었을 텐데 안타깝습니다.

시대의 흐름은 속도를 가늠할 수 없을 정도로 빠르게 움직이고 있습니다. 부의 흐름 또한 이와 마찬가지입니다. 국내는 물론이고 세계 정치, 경제, 문화 등의 흐름이 유기적으로 어우러지면서 형성되는 것이지요. 급부상하는 중국 경제와 이라크 전쟁, 아시아의 해일 참사, 한류 열풍까지 부의 흐름과 관계되지 않은 것이 없습니다. 변화를 감지하기 못하고 그에 맞는 적절한 대처를 게을리 하면 만석꾼 금고에 있던 돈이라도 밑 빠진 자루의 모래처럼 술술 빠져 나가고 말 것입니다. 시시각각 변하는 세계의 상황들을 즉각 이해하고, 예견하고, 돈의 길목을 미리 지키는 것이야말로 부자들의 지혜인 것입니다.

그러나 요즈음 돈의 메커니즘에 사로잡혀 돈, 돈, 돈, 하는 부자들의 모습은 악몽에서 깨지 못하는 스크루지를 보는 것만큼이나 혐오스럽습니다. 이 시대가 원하는 진정한 부자는 노블레스 오블리주. 사회로 자본을 환원하겠다는 의지와 명예에 맞는 책임을 지는 부자라야 존경받을 수 있습니다. 존경받는 부자의 부는 재생산되며, '명예' 라는 뿌리까지 사회에 깊숙이 내릴 수 있게 됩니다. 명예에 따른 사회적 의무를 실천하는 것은 지금 한국 사회에 절실히 필요한 구호이기도 합니다.

이 책은 사회의 리더로서 존경받는 부자들의 모습을 보여 주고, 그 이상을 찾으려는 분들을 위해 쓰였습니다. 성공, 명예, 부를 이르는데 많은 도움이 되길 바랍니다.

2005년 3월 16일

윤 철경

제 1 장

나는 왜 이 자리에 서 있는가?

"경제적인 안정이 행복으로

나아가는 첫 걸음이다"

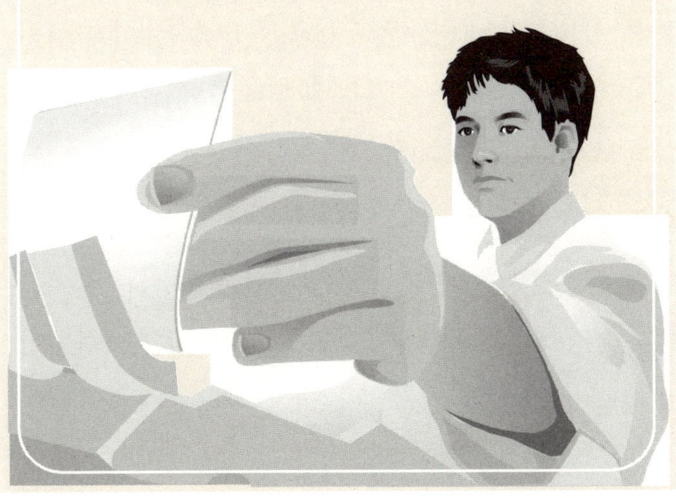

편안하고 행복한 삶

을 꿈꾸지 않는 사람이 있을까요? 저 또한 여느 사람과 다름없이, 아니 그 누구보다도 부자가 되기를 열망했습니다. 그리고 그러한 삶을 이루기 위해서 경제적으로 안정되어 있어야 한다는 걸 일찌감치 깨달았습니다. 따지고 보면, 한때 10억 열풍으로 온 나라가 떠들썩한 이유도 경제적인 안정을 얻음으로써 행복으로 한 걸음 다가가겠다는 의지가 강렬하게 표출되었기 때문이라고 생각합니다.

그리하여 저는 열심히 대학생활을 마친 후 부자를

꿈꾸며 희망차게 사회의 첫발을 내디뎠습니다. 제가 근무하게 된 곳은 작은 우량 중소기업체로, 하루하루 쳇바퀴 돌듯 사무를 보았지만 이렇다 할 큰 불만 없이 하루하루 직장생활을 해 나갔습니다. 꼬박꼬박 다달이 들어오는 월급으로 성실하게 적금도 붓고, 간혹 부모님께 용돈도 드리고, 일주일에 두세 번 동료들과 어울려 즐거운 모임 겸 회식자리도 갖고 뛰어난 실력을 갖춰 회사에서 돋보이지는 않았지만 나름대로 열심히 생활을 했습니다.

그런데 문제는 IMF 때 발생했습니다. 회사의 갑작스런 인원감축으로 가슴을 졸이고 있었는데 바로 이러한 상황 속에서 명예퇴직 1순위에 오른 것입니다. 실직이 언제 제 일로 닥칠지는 아무도 모르는 일이었지요. 회사의 사정은 날이 갈수록 더욱 악화되어 상여금이 일체 취소되는가 싶더니, 드디어 매달 지급되던 월급을 제 날짜에 주지 못하는 실정에 이르고 말았습니다. 하루하루 이래저래 눈치를 보면서 직장생활을 해 나가자니 정말 죽을 맛이었습니다. 점심시간이 되어 동료들과 식사를 하기 위해 식당에 앉아 있어도 한

숨만 내쉬곤 했습니다. 그러다가 더 이상 상황이 나빠지기 전에 하루라도 빨리 회사를 그만두는 게 나을지도 모르겠다는 판단을 하게 되었습니다.

그리하여 간신히 챙겨든 퇴직금. 그것으로 당장 무엇을 해야 할지 저는 막막하기만 했습니다. 다른 회사도 어렵기는 마찬가지인지라 사원을 뽑는 데도 없었고, 그렇다고 장사를 하자니 경험도 없고 자본도 충분하지 않았습니다. 저는 지푸라기라도 잡아 보고 싶은 심정에 친구들을 만나 상의도 하고 인터넷을 통해 여러 정보도 얻었습니다. 그러다가 귀가 솔깃한 얘기를 들었습니다. 우량 회사들의 주주들이 은행 부채를 갚기 위해 어쩔 수 없이 주식을 내다 팔 수 밖에 없기 때문에 지금 사 두면 몇 달 후 두 배 이상 뜰 것이라는 정보를 들었던 저는 '이것이 기회다' 라는 생각이 들었습니다. IMF가 얼마나 갈지는 모르겠지만 설마하니 우리나라의 내로라하는 기업이 망하기야 하겠느냐 하는 생각에, 이미 반도막이 나 버린 주식에 희망을 갖고 조금씩 사 모으기 시작했습니다.

제가 투자한 그 주식은 우리나라에서 열 손가락 안

에 꼽히는 대기업의 것이었고, 유럽이든 미국이든 세계 어느 곳에서도 그 기업의 마크를 한눈에 알아볼 수 있는 든든한 기업인데 무슨 걱정이 있겠나 싶어 과감히 올 인을 한 것입니다.

그런데 도저히 믿을 수 없을 정도로 주가가 끝도 없이 바닥으로 떨어지기 시작했습니다. 설마설마 하는 심정으로 지켜보고 있자니, 주식 장을 여는 시간부터 하한가를 기록하여 연일 하한가 행진을 기록했습니다. 그리고 드디어…… 하루아침에 그 회사의 주식은 종잇조각이 되어 버려 팔고 싶어도 팔수가 없었습니다. 뒤통수를 얻어맞은 사람처럼 멍하니 그 자리에 주저앉을 수밖에 없었습니다. 하늘이 빙글빙글 돌면서 아득했고 누구를 붙잡고 하소연할 수도 없었으며, 반의반이라도 좋으니 조금만 돌려 달라고 애원할 곳도 없었습니다.

그렇게 며칠을 망연자실해 방안에 우두커니 천장만 바라본 채 드러누워 있었습니다. 그러나 아직 젊디젊은데 방안에 처박혀 손 놓고 주저앉아 있을 수만은 없었습니다. 살다 보면 이런 역경을 한두 번쯤 더 겪게 될지도 모를 일 아닙니까?

그때 떠오른 생각이 5년여 간 꼬박꼬박 부어 온 적금이었습니다. 제 손에는 천만 다행히 아직 그게 남아 있었습니다. 3천여 만 원이 조금 넘는 그 돈과 지금 살고 있는 집의 보증금을 합하면 조그만 장사라도 시작해 볼 수 있을 것 같았습니다. '경매'를 잘만 하면 떼돈을 벌 수 있다는 유혹도 있었지만, 한 번의 실패가 있었기에 투자를 하는 일이 조심스러웠습니다.

그래서 장사를 결심했는데, 주변에서 흔히 '먹는 장사는 망하는 법이 없다'고 하길래 음식점을 열기로 했습니다. 까짓 거 매상이 적더라도 음식 장사를 하면 먹고사는 데는 문제가 없을 것 같았고 수익률이 적더라도 프랜차이즈 사업을 시작하는 게 덜 위험하다는 생각이 들었습니다. 음식점은 맛이 생명인데, 본사에서 식재료를 배달해 주니 기본적인 맛은 보장될 테고 거기에 서비스만 잘한다면 IMF도 거뜬히 이겨 나갈 수 있으리라 생각했습니다. 가까운 친구들, 친척들이 한 달에 한 번씩만 들러서 먹고 가 준다면 매출은 그다지 문제될 것 같지 않았습니다. 어차피 먹을 한 끼, 그 정도야 못해 주겠는가 싶었습니다.

마음을 먹은 뒤 프랜차이즈에 대한 사전 조사를 마친 후 좀 더 나은 식당 분위기를 위해 급전을 얻어 인테리어 시설까지 마무리하고 드디어 조그만 닭 칼국수 집을 열었습니다. 다른 체인점들은 가맹비가 턱없이 많은 데다가 조건이 까다로워서 엄두도 내지 못했을 뿐 아니라, 경기도 어려운데 굳이 비싼 고급 음식점으로까지 밥을 먹으러 오는 사람이 없을 것 같았지요. 하지만 서민들이 즐겨 먹을 수 있고, 한 끼 식사대용으로, 술안주로도 그만인 닭 칼국수라면 낮과 밤을 가리지 않고 손님을 불러들일 수 있으리라는 생각이 들었습니다.

"왜 하필 나에게 이런 일이……"

그러나 경기는 점점 더 어려워져 갔습니다. 초기에 은행 대출을 받고 친척과 친구들에게 조금씩 빌린 돈의 이자를 갚느라 정신을 차릴 수 없었습니다. 한 달

매출로는 생활비와 이자를 내는 데 빠듯할 정도였습니다. 또 음식점의 영업시간이 오전 11시부터 새벽 4시 정도다 보니 잠이 부족해 늘 피곤했습니다. 8시면 일어나 간단히 장을 보고 그때부터 준비를 해야 11시에 문을 열 수 있었습니다. 그래서 점점 지쳐만 갔습니다.

그러던 어느 날 하늘이 무너지는 기사가 났습니다. 홍콩의 닭들에게서부터 시작된 조류독감이 중국 전역에 번지면서 사람까지 전염되어 죽어가기 시작한 것입니다. 광우병이다 돼지콜레라다 해서 그나마 안심하고 먹을 건 닭고기밖에 없다고 생각했는데, 닭마저 조류독감의 위협을 받게 된 것입니다. 기사가 나가고 사회의 분위기가 술렁거리자 닭 칼국수를 먹으러 오는 손님이 확 줄었습니다. 분명히 익혀서 먹으면 아무런 피해가 없다고 방송에 보도되었는 데도 사람들은 믿지 못하는 눈치였습니다. 혹시나 모르는 일에 대해서는 아예 발생의 소지를 없애는 게 상책이라는 생각이었겠지요. 조류독감 사망자가 발표된 지 열흘째 된 어느 날, 개시도 못해 보고 가게 문을 닫았습니다. 그리고 그 후 열흘 동안도 마찬가지였습니다.

　다달이 고리이자를 물어 나가던 저로서는 당장 한 달 앞이 문제였습니다. 이번 달 장사가 이 모양이면 다음 달은 분명히 이자를 내지 못할 테고 여기저기서 빚 독촉을 받겠지요. 남한테 싫은 소리, 없는 소리 하기를 죽기보다 싫어하던 저에게는 그 생각 자체가 스트레스였습니다. 그리고 그 상상이 현실로 닥쳤을 때는 차라리 죽고 싶었습니다. 남아 있는 것은 억대에 이르는 빚과 인생 실패자라는 낙인 뿐, 희망도 바람도 없고 세상이 원망스러웠습니다.

　열심히, 성실하게 살면 성공할 수 있다는 말도 다 거짓이었고 착한 사람에게 복이 돌아온다는 말도 거짓말처럼 느껴졌으며, 주변에서 돈 잘 벌고 떵떵거리고 사는 사람들은 죄다 사기꾼처럼 보였습니다. 주먹질이 오가는 정치판, 검은 돈으로 이루어진 대기업, 사회 곳곳에 남아 있는 더러운 얼룩들……. 세상은 암흑으로 점철되어 한 줄기 빛조차 보이지 않았습니다.

"실패는 성공의 또 다른 이름인가?"

　그때 제 손을 잡아 준 이가 있었습니다. 바로 제 아내와 친구들이었습니다. 그들은 절망해 있는 저를 버리고 돌아서는 대신 쓰러진 어깨를 잡아 주었습니다. 우리에게는 미래가 있지 않느냐고, 언젠가 행복한 미래가 반드시 올 것이라고 저를 위로하였습니다. 저를 믿고 있는 그들을 실망시키고 싶지 않았습니다. 우리들의 밝은 미래와 행복을 위해서라면 이보다 더 큰 고난도 이겨내고 굳건히 다시 서리라고 결심했습니다.

　수중에 남아 있는 돈이라고는 한 푼도 없었습니다. 맨주먹과 의지만으로 저는 다시 일어서야 했습니다. 그때 문득 떠오른 말이 손자병법에 나오는 지피지기(知彼知己)면 백전백승(百戰百勝)이라는 것이었습니다. 부자가 되고 싶다면 먼저 부자란 어떤 사람들인지, 이 시대의 진정한 부자는 누구인지를 먼저 알아볼 필요가 있다는 생각이 든 것입니다. 몇 번의 실패를 하였으니 이제 똑같은 실패를 하지는 않을 것입니다. 실패는 성공의 어머니라 했으니 이제 성공을 잉태할

차례인 것입니다.

　머리를 짧게 깎고 새벽 찬바람을 맞으며 국립도서관을 향해 올라가 자리를 잡았습니다. 시작은 이제부터라고 주먹을 불끈 쥐면서 말입니다.

UP grade

- 누구나 믿는 도끼에 발등은 찍힐 수 있다.

- 부자가 되고 싶다면 먼저 부자란 어떤 사람인지 파악해야 한다.

- 행복 하고 싶다면 부자가 되라.

- 열심히, 성실하게 살면 성공할 수 있다는 말은 다 거짓말이다.

제2장

누가 부자인가?

"부(副)의 정상은 꼭지점으로

갈수록 더 가파르다"

막연히 부자는

돈이 많은 사람이라고만 생각했지, 과연 어떤 사람을 부자라고 하는지에 대해 생각해 본 적이 없었습니다. 그러나 목표가 구체적이고 확실할 때 그것이 현실로 이루어질 가능성이 커진다는 말처럼, 부자가 되기 위해서는 누가 부자인가에 대해 명확히 알 필요가 있다는 생각이 들었습니다.

그 옛날 부자로 불리던 사람과 오늘날의 부자가 다를 것입니다. 부자에 대한 기준과 그들을 바라보는 시선이 같을 리 없지요. 시대와 환경이 변한 만큼 사람들의 가치관에도 큰 변화가 있었을 테니까요.

옛날의 부자들은 천석군, 만석군이라 불렸습니다. 한 해 벼를 얼마나 수확하는지에 따라서 부의 규모를 측정했던 것입니다. 벼 한 석을 탈곡하면 80kg 쌀 한 가마니와 겨 한 가마니를 얻으니, 천석군이라면 쌀 8만 가마, 만석군이라면 쌀 10만 가마를 해마다 수확하는 부자들입니다. 쌀 한 가마니를 20만 원쯤으로 계산하여 요즘 돈으로 환산해 보면, 천석군은 160억 원, 만석군은 1,600억 원을 가진 부자입니다.

부자들은 그 많은 땅을 일일이 관리할 수 없었기에 소작을 주고 그 대금을 일정 분량의 쌀로 받았는데, 흉년이 들면 대금을 탕감해 주었다고 합니다. 뿐만 아니라 곳간을 풀어 배고픈 농민들이 죽이라도 쑤어 먹을 수 있는 먹거리를 마련해 주었습니다. 그래서 그 옛날 부자들은 존경받는 어르신으로서 마을의 우상이 되었습니다.

그러나 농경사회가 막을 내리고 부자의 기준이 쌀 가마니 수가 아니라 모든 재화는 금전적 가치의 기준이 되면서 요즘 부자들은 더욱 쉽게 돈이 되는 것이라면 어떤 것도 주저하지 않으면서 부를 늘려갔습니다. 돈이 돈을 낳는 식의 일이 벌어진 것입니다. 아무리 땅이 넓다고 한들 한 해 농사를 지을 사람이 한정되어 있으므로 수확이 크게 늘 수 없었던 과거에는 상상조차 할 수 없는 일이었습니다.

돈이 돈을 벌어 주는 돈을 세면서 부자들은 점차 감각이 무뎌졌습니다. 아무리 많이 가져도 만족스럽지 않았습니다. 도대체 얼마나 많이 가져야 부자인지, 과연 자신이 부자의 대열에 끼여 있는 것인지도 의심스러웠습니다.

> 첫 번째 질문 : 돈을 얼마나 가져야 부자인가?
> 두 번째 질문 : 과연 내가 부자라고 생각하는
>   만큼의 돈을 일생 동안 벌 수 있는가?

아마도 첫 번째 물음에 대한 대답은 제각각일 테지만, 두 번째 물음에 대한 대답은 입을 모아 불가능이라고 말할 것입니다. 그러나 부자를 꿈꾸는 저로서는 심

각하게 고민하지 않을 수 없는 문제였습니다. 취업을
한다면 한 달에 받을 수 있는 급여 중 얼마나 적금을
부을 수 있는지, 적금 이외에 최대한 재산을 불릴 수
있는 방법은 무엇인지, 하물며 지금 가지고 있는 돈을
탁탁 털어서 로또복권을 샀을 때 1등에 당첨될 확률은
얼마인지까지 계산기를 두드려 봤을 정도였으니까요.

그런데 모 신문사에서 한국은행 직원들을 대상으로
질문을 한 적이 있다는 기사가 실려 눈길을 끌었습니
다.

그들이 생각하는 부자의 재산 정도는 평균 27억 2천
967만 원. 한때 우리나라를 후끈 달구었던 10억 열풍
을 훨씬 웃도는 금액이었다고 합니다. 그렇다면 그 금
액이 나온 근거는 무엇일까요? 한국은행의 한 직원은
'10억 원이면 돈에 얽매이지 않고 가족과 해외여행도
다니면서 즐길 수 있겠지만 부자라 하기는 어려우며
이제는 금리도 크게 떨어져 이자 소득으로 생활할 것

같으면 20억 원은 있어야 부자 소리를 들을 수 있을 것 같다' 라고 말했습니다.

또 다른 직원도 '부동산 5억에다 금융자산 5억으로 총 10억 원 정도면 아이들 결혼시키고 두 부부가 나름대로 여유 있는 노후를 보낼 수 있는 돈이긴 하지만, 가족과 함께 휴가철 해외여행이라도 다녀올 여유가 있으려면 20억 원은 있어야 할 것' 이라고 설명했습니다.

물론 이들이 말하는 20억 원 정도의 부자는 대대로 재산을 대물림 해 온 사람들 사이에서는 시쳇말로 명함도 못 내미는 수준입니다. 그러나 우리가 주목하는 부자는 재벌이나 만석군 같은 전통적인 의미의 부자가 아닙니다. 대다수 일반 시민이라 할 수 있는 소시민의 눈에 비친 부자를 말하는 것이지요.

뒤를 이어 하나의 궁금증이 생겨났습니다.

그렇다면 살아생전 부자의 꿈을 이룰 수 있을까?

한국은행 1, 2급의 260명 간부급 직원 가운데 자신이 부자라고 생각하는 만큼의 돈을 평생에 걸쳐 모을 수 있다고 답한 사람은 30명이었다고 합니다. '그렇게 많은 수가?' 라고 의아해 할 수도 있지만, 부부가 벌어들이는 근로소득뿐만 아니라 부동산, 증권 등으로 버는 소득에다가 상속, 증여를 받을 가능성 등을 모두 고려한 결과임을 감안한 것입니다. 순전히 월급을 모아 부자의 꿈을 이루겠다고 생각한 사람은 단 한 명도 없었습니다. 그래서 덜 먹고 안 쓰면서 한푼 두푼 모아서 부자가 되기란 허망한 꿈에 불과하다는 것입니다.

물론 월급으로 종자돈을 모아 그걸로 주식 투자를 해서 떼돈을 벌수도 있지 않겠느냐고 할지 모르지만, 주식 투자를 해서 큰 돈을 거머쥔 월급쟁이가 과연 몇이나 되겠습니까? 오히려 우리는 주변에서 부자의 욕망을 불태우며 주가의 오르내림에 가슴을 졸이다 어느 날 깡통 계좌를 부여잡고 눈물 흘리는 월급쟁이의 모습을 더 많이 보아 왔습니다.

부자의 기준이 바뀌어야 한다

한때 6백만 불의 사나이라는 외화 시리즈가 유행한 적이 있습니다. 1970년대 초, 6백만 달러는 소생이 불가능한 사람에게 새 생명을 불어넣고 놀라운 초능력까지 공급할 수 있는 거대한 돈의 상징적인 숫자였습니다. 흔히 얘기하는 '백만 불짜리' 라는 관용구 역시 측정이 어려울 정도의 많은 돈을 지칭하는 대표적인 말이었지요. 그러나 지금 그 숫자는 절대적 부를 상징하기에는 충분치 않은 느낌입니다.

서구에서 1백만 달러의 금융 자산을 가진 사람을 밀리언에어(Millionaire)라 해서 부자 반열에 오른 것으로 간주했던 시절이 있었습니다. 현재 우리나라 돈으로 환산하면 12억 원 정도의 금융 자산을 가진 사람이지요. 그러나 전 세계적으로 1백만 달러 클럽에 가입한 사람의 수가 730만 명에 달하자, 요즘엔 빌리언에어(Billionaire, 10억 달러) 쯤 돼야 부자라고 말할 수 있을 만큼 기준이 상향 조정되었습니다.

세계적 경영컨설팅 회사인 보스턴컨설팅그룹(BCG)이 2003년 북미 유럽 아시아 지역의 82개 자산관리 기관을 대상으로 조사해 발표한 〈세계 부자들의 자산 운용 실태 보고서〉에 따르면, 한국에서 25만 달러(약3억) 이상의 자산을 금융기관에 맡기고 있는 부호의 수는 약 50만 명이며, 총 운용액 규모는 4,760억 달러(약 570조 원) 가량이라고 합니다.

메를린치 보고서에 따르면 한국의 백만장자는 5만5천 명이며, 거주하고 있는 집을 제외한 보유 자산이 100만 달러(우리나라 돈 12억 원 가량)이니 실제 자산은 20억 원이 넘는 사람들일 테지요. 그러나 그들은 우리나라 전체 인구의 0.5%에도 미치지 못합니다. 부자의 최소 기준으로 집을 포함한 자산 총액 10억 원을 잣대로 삼더라도 1~2% 언저리일 뿐이지요. 다시 말해 100명 중에 1명은 나머지 99명이 누리지 못하는 부의 혜택을 대대로 즐기며 살아간다는 이야기이며 이런 부의 피라미드는 부의 꼭지점으로 갈수록 더 가파르게 됩니다.

이때 생각해야 할 점이 있습니다. 우리나라에서 개인 자산이 가장 많은 사람은 누구일까요? 모 그룹의 회장일까요? 모 기업의 총수일까요? 그 규모가 정확하게 밝혀지지 않아 누구도 진실을 알 수 없는 일이지만, 사실상 그들이 개인적으로 유용할 수 있는 돈은 그리 많지 않습니다. 한 가지 분명한 것은 0.01%, 0.001%, 또 그 이상의 부자들로 갈수록 부자들이 한국 자본주의 사회의 리더로 활동하는 경우가 많은 반면, 그 중엔 여전히 졸부 수준의 부자로 머물러 있는 경우도 많다는 것입니다.

요즘엔 돈이 많은 사람들은 무조건 부자라고 하지 않는다고 합니다. 돈을 제대로 벌고 제대로 쓸 줄 아는 사람이 부자라는 소리를 듣는 시대인 것입니다. 기업의 윤리 의식이 강조되는 것도 그 때문이지요.

미국의 부호 워렌버핏은 아무리 이익이 큰 투자 대상이라고 해도 기업의 윤리성에 문제가 있으면 절대 투자하지 않는다고 합니다. 그가 고매한 도덕적 소양을 갖춰서가 아니라 기업의 윤리 경영이 선행되지 않으면 기업의 뿌리가 흔들린다고 생각하기 때문이지요.

금덩어리 경제학

만약 해마다 태풍으로 물에 잠겨 애간장을 태우던 밭떼기가 어느 날 황금알을 낳는 상권으로 변하여 몇 년 사이 땅값이 100배 넘게 오른다면야 로또 1등 당첨보다 못할 것도 없지만 그렇다고 한번 부자가 영원한 부자로 남는 다는 보장은 없습니다. 이런 졸부형 부자들은 결국 두 갈래 길을 맞이하기 마련입니다.

첫 번째 길 : 은행에 넣어 놓고 곶감 빼먹듯이 조금씩 꺼내 쓸 것인가?

두 번째 길 : 어딘가에 재투자하여 돈을 굴릴 것인가?

성경에 달란트의 비유가 있습니다. 주인이 세 종에게 각각 금 5달란트, 2달란트, 1달란트를 맡기고 여행을 갔다 돌아오니 첫 번째 종은 5달란트를 10달란트로 만들었고, 두 번째 종도 2달란트를 4달란트로 만들었으나, 세 번째 종은 1달란트를 그대로 땅 속에 묻었다가 주인에게 내 놓았습니다. 주인은 앞의 두 종을 칭찬했으나 게으른 마지막 종은 크게 꾸짖고 금을 빼앗아 5달란트를 번 종에게 주었다고 합니다.

이것은 자본주의의 법칙에 절묘하게 맞아떨어지는 비유입니다. 그것은 금 1달란트는 20.4kg(약 3억 원)이라고 합니다. 1돈에 6만 원씩만 쳐도 1달란트는 3억이 넘는 돈이지요. 자본을 가진 이가 자본을 움켜쥐고 있기만 한다면 자본주의 사회에서 그것은 명백한 죄악입니다. 그로 인해 자금줄이 꽉 막히고 결국 경제 활동이 마비되는 지경에 이를 수 있기 때문입니다. 금 20.4kg이 자본으로 투입되었을 때 창출될 수 있는 고용 인력과 경제 활동이 원천봉쇄 되는 것이기 때문입니다.

졸부는 금덩이를 땅속에 묻어 두고 만족해하지만
부자는 금덩이를 캐내 재투자를 함으로써
사회에서 존경받고 재산도 증식한다.
즉, 일석이조의 효과를 얻는다.
따라서 부자들의 자산 가치는 사회에 기여하면서
자산을 불리는 무형의 가치에 높은 점수가
매겨진다.

그러므로 갑작스럽게 얻은 금덩이를 땅속에 묻어 두고 혼자 바라보며 만족해하는 것은 졸부 심보입니다. 금덩이를 캐내 그것으로 고용을 창출하고 사회의 발전을 위해 기여하게 될 때 자본주의의 유익한 구성원인 부자로 거듭나게 되는 것입니다. 부자들의 자산 가치는 금덩이 자체로 평가받는 것뿐만 아니라, 그들이 사회에 기여하면서 자산을 불리는 무형의 가치에 높은 점수가 매겨지기 때문입니다. 부자들이 자본주의 사회의 리더로서 존경받을 수 있는 것은 그들이 가진 돈 때문이 아니라, 그들이 일으킨 산업과 경제 활동 때문이며 사회에 환원하는 도덕성 때문인 것입니다.

부자의 자산 20%가 전체자산 80%를 소유한다

모 신용카드 회사에서 텔레비전 광고에 예쁘장한 연예인을 등장시켜 "여러분, 부자 되세요"하고 외치는 카피로 히트를 친 적이 있습니다. 이후 언젠가부터 "부자 되세요"란 말이 최고의 덕담이 되었습니다. 새해에 복 많이 받으라는 말처럼 "부자 되라"는 말은 막연한 환상과 기대감을 갖게 합니다. 상대적인 가난이 심화될수록 부자의 존재감은 커집니다. 부에 대한 갈망이 증가했다는 말이기도 하지요. 이처럼 부자의 출현은 빈부격차와도 밀접한 연관이 있습니다.

빈부격차를 알아보는 데 지니계수(Ginis' s Coefficient)라는 통계지표가 사용됩니다. 즉, 지니계수는 소득이 어느 정도 균등하게 분배되는가를 나타내는 소득 분배의 불균형 수치로 심화되는 빈부격차를 눈으로 확인할 수 있는 유일한 통계 지표입니다. 지니계수는 0과 1 사이의 값을 가지는데, 값이 0에 가까울수록 소득이 평등하게 분배되고 있다고 할 수 있습니다. 보통 0.4가 넘으면 소득 분배가 상당히 불평등하게 이루어지고 있다는 것을 의미합니다.

우리나라의 경우 1997년 국제 통화기금(IMF) 외환위기 당시 0.389이던 것이 2002년에는 0.427로 높아져(두산세계대백과사전 참조) 분배의 불균형이 악화되고 있음을 알 수 있습니다. 2002년 국민은행 경제연구원이 국내 1,500가구를 대상으로 실시한 〈금융 자산 · 부채 현황〉 설문조사에서 금융 자산이 많은 상위 20% 가구의 평균 금융 자산은 하위 20%의 62배에 달한다는 결과가 나왔습니다. 상위 20%가 보유하고 있는 총 자산은 672조 원으로, 국내 개인금융자산 총액(862조 원)의 71%였습니다. 이 결과를 통해 상위 20%가 80%를 소유한다는 20대 80의 원칙이 사실임을 입증하였습니다.

부동산 자산의 불평등은 훨씬 심각한 수준이라고 합니다. 국토연구원이 개인 주택 자산을 토대로 분석한 지니계수는 0.51이었습니다. 소득 지니계수에 비해 2배 가량 불평등한 것으로 나타났지요.

한국 사회는 국민소득 1만 달러를 넘어 2만 달러 시

 | 부의 이동

대로 가고 있다지만, 어찌 보면 이건 부자들의 수치 놀음에 불과할 수도 있습니다. 서민들의 현실적인 체감 경기는 IMF 시절만큼이나 어렵습니다. 상위 1%의 부자가 되는 것을 인생의 최대 목표로 삼는 이가 늘고 있고, 가진 재산을 톡톡 털어서 로또복권을 산 뒤 그것이 맞지 않자 동반자살을 기도하는 부녀도 있었습니다. 인터넷 사이트에서 10억 만들기 열풍이 불고 있으며, 텔레비전에서는 성공한 기업가들의 일대기가 드라마로 제작되어 방송되고 있습니다.

부자가 되고자 하는 열망이 들끓고 너도나도 성공을 향해 매진하는 가운데, 현재 손꼽히는 부자들이 어떻게 돈을 모았고 그들에게 성공이 가능했던 이유에 대한 질문이 쏟아지고 있습니다. 그것은 아마도 단순히 부자가 되기 위한 방법론을 알기 위해서라기보다는 올바르게 부를 축적하고 유지해 나가며 사회에 공헌하는 일모를 배우기 위한 노력의 일환으로 받아들여지고 있습니다.

- 부자들은 돈을 세면서 돈에 대한 욕망을 키운다.

- 당신 자신에게 다음과 같이 질문하라. 그리고 질문에 따라

  목표를 세워야 한다.

  첫 번째 질문 : 돈을 얼마나 가져야 부자인가?

  두 번째 질문 : 부자라고 생각하는 만큼의 돈을 과연 내가 벌 수

  있을까?

- 요즘엔 돈이 많은 사람들을 무조건 부자라고 부르지

  않는다.

  돈을 제대로 벌고 제대로 쓸 줄 아는 사람이 부자다.

- 메를린치 보고서에 따르면 한국의 백만장자는 5만5천 명으로

  100명 중에 1명은 나머지 99명이 누리지 못하는 부의 혜택을

  대대로 즐기며 살아간다.

성공과 실패 사이

"천재는 1%의 영감과

99%의 노력으로 이루어진다"

성공한 기업인은 사원들에게 충분한 동기를 부여하고 희망을 불어넣어 열의를 갖게 합니다. 그러한 반면 실패한 기업가는 자신에게 실패란 일어나지 않는다는 망상에 사로잡힌 경우가 많습니다. 그래서 방만하고 경솔한 투자를 하여 결과를 최악으로 몰고 가는 것이지요. 항상 남보다 우월하고 어떤 경쟁자라도 제거할 수 있다는 자만심, 타인의 조언을 귓등으로 흘려듣는 거만함, 매사를 그 당시의 상황과 기분으로 결정하고 처리하는 성향이 그를 실패의 길목으로 이끌어 갑니다. 그 중에는 잘 되면 운이 좋아서, 안 되면 운이 나빠서 그렇게 되었다는 운명주의적 철학을 가진 사람들이 많습니다.

이를 통해 성공한 사업가와 실패한 사업가의 차이를 한눈에 볼 수 있을 것입니다.

성공과 실패를 얘기하는 데 있어서 빼놓을 수 없는 인물이 에디슨입니다. 에디슨은 "천재는 1%의 영감과 99%의 노력으로 이루어진다"고 말했을 정도로 굉장한 노력가로도 유명합니다.

에디슨은 전구를 발명하기 위해 무려 140번의 실패를 거듭하였습니다. 그런 그에게 어느 신문기자가 물었습니다.

"당신은 140번이나 실패를 거듭하면서 중간에 포기할 생각은 하지 않았습니까?"

그러자 에디슨이 정색을 하면서 대답했습니다.

"실패라니오. 나는 절대로 실패한 적이 없습니다. 다만 전구를 만들 수 없는 140가지 방법을 발견했을 뿐입니다."

스스로 포기하지 않는다면 비전은 완성될 것입니다. 모든 일을 자기 의지를 갖고 행동하되, 자기 불신을 초래하기 쉬운 결심보다는 자기 자신에게 자신감을 안겨 줄 수 있는 작은 성취를 늘려 나가야 합니다.

제 3 장

어떻게 부자가 될 수 있을까?

"자신들이 영리한 척 행동하면서

살아가는 사람들은 어리석은 사람이다.

빨리 배우고 싶다면 무언가를 모른다고

빨리 인정하는 것부터 배워야 한다"

목표가 세워진 다음

에는 그것을 달성하기 위한 방법론을 고민하지 않을
수 없습니다. 어떻게 해야 부자가 될 수 있을지, 그것
이 현실적인 문제로 다가오는 것입니다. 누구나 부자
에 대한 꿈은 갖고 있지만 그 꿈을 이루는 사람은 흔치
않습니다. 저 또한 쉽게 이룰 수 없는 꿈이라는 사실
을 알면서도 그 꿈을 이루기 위해 공부하고 도전하고
있습니다. 부자들이 써 놓은 수기, 경제학자들의 이
론, 경제 평론가들의 전망 등을 읽고 나름대로 시대를
분석하며 한 걸음 한 걸음 부자가 되기 위한 발걸음을

내딛고 있습니다. 그러나 그들 중 어느 한 사람의 말이 정답이라는 생각은 하지 않습니다. 그러기에는 정답이 너무 많습니다. 부자가 되기 위한 길은 여러 갈래가 있으며, 어느 길을 선택하여 접어들든 성실한 자세와 노력, 그리고 적당한 행운이 저를 성공의 끝으로 안내할 것이라고 믿고 있습니다.

부자는 습관이다

부자들의 행동을 자세히 지켜보면 몇 가지 공통점이 있는데, 그것을 따라하다가 몸에 배어 익숙해질 때쯤이면 부자가 될 수 있다고 생각합니다. 유명한 화가나 문학가, 배우들도 입문 시절에는 대가들의 작품을 모사하면서 실력을 다져 나갔다고 합니다. 그들이 단지 모사의 수준에만 머물렀다면 이름이 길이 남을 수 없었겠지만 피나는 노력 끝에 자신의 세계를 구축하고 빛나는 작품을 남겼기에 우리는 그들을 존경하는 것이지요. 이와 마찬가지로 당신 또한 부자가 되고 싶다면, 닮고 싶은 부자의 모델을 정하십시오. 그들이 어떻게 부자가 되었는지를 알고 그들과 똑같은 길을 걸어보려고 노력하는 가운데 자신의 길을 찾아 나갈 수 있을 것입니다.

> *"부자가 되는 방법,*
> *그것은 남다른 면모에서부터 시작된다"*

자, 이제 그들이 어떻게 부자가 되었는가를 살펴볼 차례입니다.

20세기를 지나 21세기에 이르러서도 여전히 성공하는 사람들의 습관이라는 테마는 각광을 받고 있습니다. 여기서 말하는 성공은 특히 경제적인 측면의 성공을 말합니다. 세상에 성공하고 싶지 않은 사람이 어디 있겠습니까? 세상에 태어나 부자로 살고 싶지 않은 사람은 아마도 없을 것입니다. 이왕이면 경제적인 여유를 누리면서 사회적인 명예도 얻고 싶은 것이 자본주의 국가에서 태어난 모든 사람들의 바람일 것입니다.

그러다 보면 한국 사회에서도 10억 만들기 열풍이 확산되어 10억의 자산을 만든 사람들의 이야기가 집중 조명된 적이 있습니다. 부동산 투자를 해서 10억을 벌었다는 사람, 주식으로 10억의 꿈을 이루었다는 사람, 아르바이트로 10억 만들기에 성공했다는 사람 등 신화적인 인물이 속출하는 가운데 눈여겨 볼 점은, 그들 대부분은 부자들이 갖는 성공의 습관 혹은 가치관을 갖고 있다는 것입니다.

부자들의 공통된 습관

1. 부지런하다.
2. 근검절약한다.
3. 돈보다 인맥을 쌓는다.
4. 가정생활에 충실하다.
5. 사회의 변화에 민감하다.
6. 남들과 다른 역발상을 한다.

부자들은 돈을 많이 가진 사람이니 따라서 돈을 많이 쓸 것이라고 생각하면 큰 오산입니다. 자수성가를 한 부자들 대부분은 과소비를 혐오합니다. 그들은 째째하다는 평판을 두려워하지 않으며 투자 가치가 없다고 생각하는 곳에는 동전 하나도 쓰길 아까워하지요. 그러나 수재민들에게 성금을 보내고, 결식아동을 위해 도시락을 지원하고, 장학 재단을 만드는 일에는 먼저 나서서 묵묵히 거금을 쾌척하는 면모를 갖추고 있기도 합니다. 비난의 여론이 있든 없든, 부자들이 사회에 기여하는 바는 무시할 수 없습니다.

(단위 : 억 원)

순위	재단이름	출연자	주요사업	자산금	사업비
1	아산사회복지재단	정주영	자선/의료/장학	4,700	750
2	삼성문화재단	이병철	예술	3,260	294
3	삼성생명공익재단	삼성생명보험	자선/의료	2,138	180
4	관정 이종환교육재단	이종환	장학/학술	1,912	3
5	LG연암문화재단	구인회	장학/학술	1,170	146
6	귀뚜라미문화재단	최진민	장학/학술/자선	600	-
7	연강재단	박용곤/박용오 박용성/박용현	장학/학술	474	10
8	일주학술문화재단	이임용	장학/예술	458	29
9	포철장학회	POSCO	장학	422	13
10	롯데장학재단	신격호	장학/학술	393	12
11	LG 복지재단	구자경	자선	351	28
12	고촌재단	이종근	장학/학술	300	8
13	삼성복지재단	이건희	자선	286	22
14	오운문화재단	이원만	장학/학술	278	27
15	대상문화재단	임대홍	장학/학술	270	9
16	성곡미술문화재단	김석원	예술	241	5

17	서암학술장학재단	윤세영	장학/학술	234	12
18	대교문화재단	강영중	장학/학술	208	6
19	한국고등교육재단	최종현	장학	200	55
20	삼성언론재단	이건희	장학/학술	200	17
21	LG상남언론재단	구자경	장학/학술	200	14
22	우덕재단	한일시멘트		191	5
23	유한재단	유일한	장학/학술/자선	166	10
24	동원육영재단	김재철	장학	164	5
25	양영회	김연수	장학/학술	156	3
26	금호문화재단	삼양타이어 공업 외	장학/학술/예술	152	50
27	해성문화재단	단사천	장학/학술	150	-
28	신라문화장학재단	신라교역/신라수산 외	장학/ 학술	145	10
29	앨트웰민초장학회	앨트웰코리아	장학	140	3
30	한국타이어 복지재단	한국타이어	장학/자선	137	9

출처 : 월간 〈에쿼터블〉

그렇다면 부자가 되기 위해 어떤 면모를 갖추어야 할까요?

그들은 하나같이 꿈과 열정으로 똘똘 뭉친 사람들이었습니다. 목표의식이 확실하고 신념이 강했기 때문에 그들은 꿈을 이룰 수 있었던 것입니다. 자신의 모든 것을 투자해 열정을 다할 수 없는 일이라면 아예 시작조차 하지 않는 편이 나을지도 모릅니다. 그렇기 때문에 부의 축적에 대한 메커니즘을 간파한 이들은 한결같이 자신을 돌아보는 것으로부터 시작하라고 조언하고 있습니다.

금융 관련 칼럼니스트와 경제 관련서 저자로 알려진 제일은행의 박정호 팀장은 〈돈과 인생을 바라보는 금융 법칙〉이라는 칼럼에서 "거울 속 자신을 바라보라"라고 말합니다.

> "꿈을 꾸는 사람은 일어서려고 하고,
> 도전하려고 하며,
> 자신의 모습을 보려고 애쓴다."

이처럼 자신의 모습을 들여다보려고 하는 사람에게는 세상의 모든 것이 다 거울이 되지요. 거울 속 자신의 적나라한 모습과 대면할 용기를 가진 사람은 자신의 삶을 바꾸어 내며, 결국 삶을 지배하게 된다는 것입니다.

삼성경제연구원의 사이버 포럼인 〈부자 특성 연구회〉의 시삽 문승렬 박사는 부자 10계명을 다음과 같이 제시하고 있습니다.

1. 가난한 사람은 부자 지식을 피해 다니지만,

   부자는 부자 지식을 찾아다닌다.

부자가 잘 가는 곳은 재테크 강의나 사업 설명회다. 부자는 돈 얘기만 나오면 어디서든 귀를 쫑긋 세운다. 돈은 관심과 애정이 많은 사람을 찾아간다.

2. 부자는 의도적으로 부자와 어울린다.

가난한 사람은 돈 얘기를 피하고 싶어 부자와 어울리기를 꺼리지만 돈에 무관심할수록 기회는 점점 줄어든다. 부자는 부자들의 돈 버는 이야기 듣기를 즐긴다. 부자는 자녀 교육에도 열중한다. 대도시의 고소득 화이트칼라 계층 집안이 명문대 신입생이 갈수록 늘고 있다. 가난함이 분발의 동기가 된다는 것은 옛날 얘기다. 부자들은 일찍부터 자녀들에게 합리적이고 경제적인 생활 습관과 태도를 가르친다.

3. 부자들은 아침형 인간이 많다.

삶의 목적이 뚜렷하기 때문이다. 부자들은 아침에 일찍 일어난다. 아침이 기다려지고 계획성 있는 하루를 보내기 위해서다. 남보다 삶에 대한 목표가 뚜렷하기 때문에 의욕적이고 성실하게 생활을 설계한다. 나태할수록 건강을 해치게 되는 법이다. 더 좋은 주거 환경과 의료 혜택도 부자의 몫이다.

4. 부자는 빚을 두려워하지 않으나 사치품을
사기 위한 빚은 겁낸다.

부자는 빚을 내서라도 목이 좋은 상가나 점포를 구입한다. 물론 주판알을 퉁겨본 다음이지만. 대신 자동차, 가구 등 돈이 되지 않는 자산을 사기 위해서 빚을 지는 법은 없다.

5. 부자에겐 항상 자신을 도와주는 귀인이 있다.

본인의 노력과 창의력이 우선이지만, 사람 만나는

것을 두려워하고 사기당하지 않을까 걱정부터 하면 부자가 될 수 없다. 귀인은 항상 주변에 있다. 상대방을 귀인으로 만드느냐 아니냐는 본인의 마음가짐에 달렸다. 부자는 상대방을 귀인으로 만드는 능력을 갖고 있다.

6. 부자는 부자일지를 쓴다.

부자들이 제일 소중히 챙기는 것은 한 해 달력이다. 그것도 기록하기 좋은 달력이다. 부자는 하루 수입과 지출을 상세히 기록하며 한 달, 분기, 반기, 연간의 계획을 꼼꼼히 세운다. 부자는 부자일지를 통해 실천력을 독려하고 이를 통해 자신의 목표를 달성해 간다.

7. 부자는 행운을 기회로 활용한다.

행운은 누구에게나 찾아온다. 그러나 많은 사람들은 행운이 찾아와 문 두드리는 소리를 듣지 못하고 놓쳐 버린다. 준비된 사람만이 기회를 알아본다. 부자들은 행운을 즉각 눈치 채며 빨리 결정하고 곧장 실행한다.

8. 부자의 종자돈은 절약이다.

한국의 많은 부자들이 이구동성으로 말하는 부자 특성 중 으뜸은 역시 절약이다. 버는 것보다 쓰는 것이 더 많으면 절대 부자가 될 수 없다는 것이다. 그래서 부자들은 절약을 인생의 중요한 목표로 삼고 있다.

9. 자기 그릇을 키워라.

돈을 버는 것도 중요하지만 지키는 것도 대단히 중요하다. 부자로 살기 위해 끝없는 자기 계발과 학습을 통해 자기의 그릇 크기를 키워야 한다. 그러기 위해서는 자기를 바로 보고 현재 위치에서 성실한 자세를 가지고 하루하루를 살아가는 자세가 필요하다.

10. 신용을 지켜라.

부자는 목숨보다 신용을 소중히 여긴다. 따라서 이는 부자가 되기 위해서는 무엇보다 중요하다. 작은 것을 지키지 못한 사람은 결코 큰 것을 이룰 수 없다. 마찬가지로 부자들은 신용을 지키기 위해 잠간의 손실도 불사한다.

부자는 떡잎부터 다르다

빌 게이츠는 명실공히 세계 최고의 부자입니다. 만 20세에 마이크로 소프트사를 설립한 그의 꿈은 전 세계의 PC가 MS사의 소프트웨어를 사용하도록 만들겠다는 것이었습니다. 고등학교 시절부터 컴퓨터에 빠져 있던 그는 당시 고가였던 컴퓨터를 만지기 위해 밤마다 학교 컴퓨터실에 숨어들기도 했지요.

그는 컴퓨터 신동으로 먼저 이름을 날렸지만 더욱 놀라운 실력을 돋보인 분야는 바로 사업 수완이었습니다. IBM이 컴퓨터 산업을 독점하던 시절, IBM의 아성에 도전장을 던진 신생 기업 C-큐브드사의 획기적인 컴퓨터 PDP-10이 등장했습니다. 당시 고등학교에 재학 중이던 빌 게이츠는 친구 폴 앨런과 함께 이 컴퓨터의 성능을 확인하기 위해 C-큐브드사에 숨어들었는데 불행히도 발각되고 말았습니다. 그러나 C-큐브드사는 오히려 이들의 실력에 감탄사를 연발할 수밖에 없었습니다. 그리고 마침내 PDP-10의 결함을 확인하는 일을 맡기게 됩니다.

놀라운 것은 그 당시 빌 게이츠의 놀라운 순발력입니다. 그는 레이크사이드 프로그래밍 그룹이라는 존재하지도 않는 회사를 급조했고 회사 대 회사로 C-큐브드 사와 계약을 체결한 것입니다.

이후 빌 게이츠는 하버드에 입학하지만 학업을 끝마치지 못한 채 중퇴하고 맙니다.

그는 자신이 원하는 일이 어떤 것인지를 확실히 알고 있었으며, 그것을 이루기 위한 계획을 갖고 있었고, 하루라도 빨리 시작하는 것이 이익이라는 점을 인식하고 있었기 때문입니다.

빌 게이츠뿐만 아닙니다. 부자들 중 학업을 중도 포기한 사람들은 의외로 많습니다.

포드 자동차를 설립한 헨리 포드, GE의 창업자 토머스 에디슨, 델컴퓨터를 설립한 마이클 델, 빌 게이츠와 종종 비교되는 애플컴퓨터의 창업주 스티브 잡스가 바로 그들입니다.

미국의 부자 2순위인 세계 증시의 큰 손 워렌 버핏은 학적부에 이름만 올려놓았을 뿐 대학 공부에는 관심조차 없었으며, 11세부터 시작한 증권 투자에 내내

몰두해 있었다고 합니다.

네브래스카 대학을 나온 워렌 버핏은 성공하는 투자가들이 걷는 기본적인 과정인 일류대학, MBA 등을 밟지 않았습니다.

월스트리트에 입성해 시시각각 급변하는 주식 현황판에 매달려 있지도 않았지요. 시장 상황에 좌우되지 않고 그 기업이 가진 내재 가치를 따져서 주식을 구입하는 것이 워렌 버핏 투자 방식의 근간이 되었습니다. 가치에 의해 투자를 하기 때문에 버핏은 월스트리트의 정보에 귀를 기울일 필요가 없었으며, 주가의 오르내림에도 연연할 필요가 없었던 것입니다.

기업들의 연차 보고서만 있으면 시골 동네인 오마하에서도 그 기업의 내재 가치를 판단할 수 있다는 것을, 어린 시절부터 축적된 경험을 통해 이미 알고 있었기 때문입니다.

순위	이름	재산(억달러)	나이	기업·업종
1	빌 게이츠	480	48세	마이크로소프트
2	워렌 버핏	410	74세	버크셔 해서웨이
3	폴 앨런	200	51세	마이크로소프트 투자
4	헬렌 월튼	180	85세	월마트
4	로브슨 월튼	180	60세	월마트
4	존 월튼	180	58세	월마트
4	앨리스 월튼	180	55세	월마트
9	마이클 델	142	39세	델 컴퓨터
10	래리 엘리슨	137	60세	오라클

(출처 포브스코리아 2004년 11월)

부자가 되길 원한다면 부자처럼 먼저 살아라

우리는 무엇인가 성취하고자 한다면 다음과 같은 단계를 거쳐야 한다.

보통 사람들이 부자가 되기 위한 준비는 늘 다음과 같이 합니다.

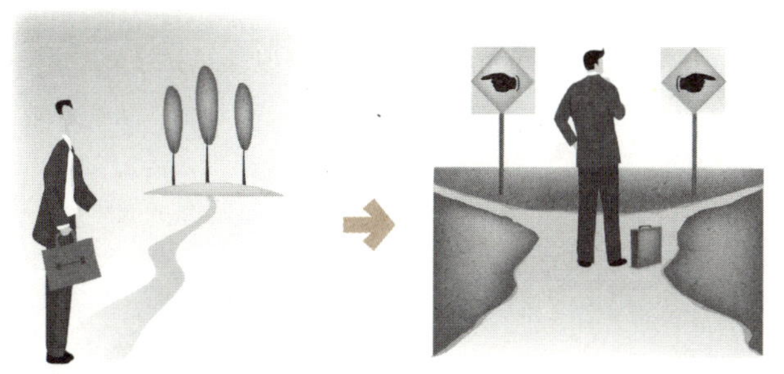

Having(무엇을 가지고 싶은가) →Doing(무엇을 하고 싶은가)→

Being(어떠한 존재가 되고 싶은가)

이것을 부자가 되고 싶다는 욕망과 연결지어 생각해 보면 다음과 같은 연결고리를 갖습니다.

돈이 필요하다
(Having) →

돈을 벌기 위한 방법을 찾아
최선을 다한다(Doing) →

부자가 되었다(Being)

보통 사람들이 이대로라면 부자가 되는 길은 그리 힘들어 보이지 않습니다. 그러나 문제는 두 번째 단계인 Doing입니다. 다행히 방법을 찾아 최선을 다해서 부자의 꿈을 이룰 수 있다면 좋겠지만, 그 과정에서 실패하면 부자의 꿈을 이룰 수 없습니다. 대부분의 사람들이 그래서 부자가 되지 못한다고 생각합니다.

그래서 보통 사람은 Having→Doing→Being 단계를 밟아가는 것입니다. 그러나 성공한 사람들은 부자가 되기 위한 준비는 늘 다음과 같이 합니다.

Being   →   Doing   →   Having

이것을 우리의 현실 목표인 부자와 연결지어 생각해 보면 다음과 같은 공식이 세워집니다.

나는 부자다→부자가 되기 위한 방법이 무엇인지를 찾아 최선을 다한다→부자는 돈이 많은 사람이므로, 돈이 필요하다

차이점이 무엇인지 아시겠습니까? 전자인 경우 당신이 Doing 단계에서 앞으로 나아가 부자가 되기란 하늘의 별 따기와 같습니다. 그러나 후자인 경우 당신은 이미 부자이므로 원하는 것을 이룰 수 있습니다. 다시 말해, 자신의 존재 모습이 명확해지면 그것을 실현하기 위한 행동이 저절로 뒤따르게 마련이라는 것입니다. 억지로 노력하지 않아도 술술 이뤄지는 느낌이랄까요. 그래서 저는 감히 말합니다.

"부자가 되길 원한다면 부자처럼 살아라."

그게 거짓말 같다면 27세에 억만장자가 된 폴 마이어에 대해 알아보십시오. 그는 월세도 못내 추운 겨울날 집에서 쫓겨 난 적이 있었습니다. 그때 그는 길거리에 서서 이렇게 중얼거렸다고 합니다.

"그래도 나는 부자이다. 다만 이루어지지 않았을 뿐이다."

시간이 흘러 폴 마이어가 억만장자가 되었을 때, 초라한 행색을 한 자동차 세일즈맨이 그에게 세일즈 방법을 물었습니다. 폴 마이어는 제일 좋은 차 앞에 세일즈맨을 세워 놓고 사진을 찍게 했습니다.

"이 사진에 있는 성공한 멋진 사람이 바로 당신입니다."

이 세일즈맨의 미래는 어떻게 되었을까요? 그렇습니다. 그는 매일 사진을 들여다보면서 자신의 모습을 떠올렸고 결국 세계 최고의 자동차 판매 왕이 되었습니다.

경험적 부자가 먼저 되어야 부자 된다

미국의 자산 관리 전문 증권사인 메릴린치의 자산 관리 핵심도 제 의견과 맥락을 같이합니다. 메릴린치는 그것을, 단번에 일확천금을 쥐려 하다 보면 반드시 낭패를 보게 되므로 '천천히 부자가 되자' 는 말로 표현하고 있습니다. 그러니 월급 생활자들에게는 위험이 적은 펀드형 저축이나 적금 등이 가장 안정적인 자산 관리 방법이라는 것이지요.

재테크를 하다 보면 고위험 고수익의 투자물을 만나게 마련이지만 무조건 덤벼들어서는 수익을 낼 수 없습니다. 우선 경제에 대한 흐름을 꿰뚫고 투자에 대한 방대하고 신뢰성 있는 지식을 갖추고 있어야 합니다. 여기서의 지식이란 학력이나 학벌을 말하는 것이 아니며, 학문적 지식을 말하는 것도 아닙니다. 발로 뛰어다니면서 얻을 수 있는 실천적 지식을 말합니다. 그러기 위해선 먼저 급여 생활자의 마인드에서 벗어나야 합니다.

급여 생활자들은 업무의 성과에 관계없이 다달이

월급을 받습니다. 그러니 오늘 하루만 무사히 버티면
된다는 무사안일주의에 빠져 있기 십상이지요. 눈에
띄지 않고 주어진 일만 해결하면 된다는 식입니다. 그
러나 그것은 발전이 없는 제자리 걸음일 뿐입니다. 그
래서 급여 생활자들은 색다른 경험을 쌓지 않으면 그
저 급여 생활의 사고자일 뿐입니다.

> 남들이 다 앞서 갈 때
> 혼자서 제자리걸음을 하는 것은 곧 퇴보를
> 의미한다.

자신에게 끊임없이 투자하고 남보다 앞서 나가기
위해 노력할 때, 오늘과 다른 당신과 만날 수 있을 것
입니다. 이것은 곧 자신의 몸값을 스스로 올리는 방법
이기도 합니다.

복권에 당첨되어 하루아침에 막대한 재산을 소유하
게 된 사람들 중에 10년 후 큰 부자로 남아 있다는 애
기를 들어본 적이 있습니까? 또 수십년간 다니던 직장
에서 퇴직금을 받고 퇴직한 사람이 사업을 "벌렸으

나 거의 실패한 사례를 우리는 종종 볼 수 있습니다. 그것은 그 재산을 부동산이나 주식에 혹은 사업에 투자를 한다고 해도 지식이 없으면 실패할 수밖에 없습니다. 복권 당첨자들이 기업인으로 성공했다는 얘기보다는 다른 사람에게 사기를 당하거나 섣불리 시작한 사업으로 결국 파산하게 되었다는 소식이 더 많이 들리는 것도 그 때문입니다. 그래서 각종 간접경험을 통해 충분한 경험적 부자가 먼저 되어야만 가지고 있는 재산을 보호하고 재산을 배가 시킬 수 있습니다.

자신이 가장 잘 할 수 있는 것, 밥 먹는 것도 잊은 채 미칠 수 있는 분야를 완전히 정복하고 거기에 경제 원리를 적용할 때 부자로 거듭 나는 것입니다. 이는 '경험적 부자가 먼저 되어야 부자가 될 수 있다'의 연장 선상에 있는 것임을 알 수 있습니다.

부자들의 특별한 전략 엿보기

일을 추진해 나갈 때 전략이 없다면 성공할 수 없습니다. 특히 인생의 전부를 걸어봄직한 부자 되기 프로젝트라면 더욱 특별한 전략이 필요합니다. 전략은 결과를 통해 증명됩니다. 당신이 목표한 결과가 성공적이었다면 당신의 전략은 성공한 것입니다. 그러나 결과가 형편없었다면 전략 또한 형편없던 것으로 평가받게 됩니다.

사람들은 타인의 성공을 인정하기보다 어떻게든 꼬투리를 잡아 깎아내리려고 합니다. 그래서 성공한 부자들조차 자신의 성공 전략을 밝히길 꺼립니다. 행여 비난의 대상이 될까 우려하는 것이겠지요. 그러나 저를 비롯한 당신이 제일 궁금하게 생각하는 게 바로 그 특별한 전략이 아닐까 생각합니다. 그것을 안다면 비슷한 방법으로 제게 알맞은 전략을 세울 수도 있을 것 같은데…. 그래서 우선 잘 알려진 부자들의 전략을 엿보기로 했습니다.

'나는 배운 것도 없는데 어떻게 부자가 되겠어' 라
고 한탄하는 사람에게는 초등학교만 나오고서도 대그
룹의 회장으로서 많은 업적을 남긴 정주영 회장에 대
해 말해 주고 싶습니다. '가난한 집에서 태어났으니
뒷돈을 대줄 사람도 없고…' 라고 한숨을 쉬는 사람에
게는 '가난은 어떤 점에서 축복이다' 라고 말해 주고
싶습니다. 가난하기 때문에 역경을 극복하는 힘이 생
기고, 가난의 고통을 알기에 불굴의 의지를 다질 수 있
으니까요. 루소는 가난한 집 아이와 부잣집 아이 중
누구를 가르치겠느냐고 하면 자신은 부잣집 아이를
가르치겠다고 했다고 합니다. 왜냐하면 가난한 집 애
는 이미 인생의 많은 걸 알고 있는 반면에 부잣집 애는
그렇지 못하기 때문이라고요. 또한 카네기는 부자가
되기 위한 첫 번째 조건으로 가난한 집에서 태어나야
한다고 말했습니다. 가난의 경험은 돈으로 환산할 수
없는 가치를 가진 무형의 자산이기 때문입니다.

부자가 되는 비결은 부자가 될 수 있다는 적극적이고 긍정적인 믿음에서 비롯됩니다. 과거의 실패와 타인의 비평을 염두에 둘 필요가 없다는 뜻입니다. 다니엘 데포의 《로빈슨 크루소》는 20개의 출판사에서 모두 거절당했지만 250년 동안 세계적인 베스트셀러가 되었습니다. 로댕의 《생각하는 사람》은 세 번이나 전시를 거절당했던 작품입니다. 이와같이 사람들의 입에 오르내리는 실패작품이라도 내 기준의 소신있는 판단에 따라 냉정히 분석하고 평가하는 안목이 있으면 좋은 작품을 만들 수 있습니다.

두 번째 전략 : 겸손 하라.

아무리 뛰어난 능력을 갖춘 사람이라고 해도 교만하게 일처리를 하면 리더로서 인정을 받지 못합니다. 신뢰를 바탕으로 편하게 대화를 할 수 있는 사람이라야 믿고 속내를 드러낼 수 있는 것입니다. 좋은 상품을 갖고 있다고 해도 '내 것이 무조건 최고다' 라고 하면, 그것을 누군가에게 설득해서 팔기가 어려워집니다. 상품에 대한 설명을 열심히 하고 경쟁사의 제품에 비해 월등히 나은 성능 차이가 있다고 설명해도, "그럼 왜 1등이 아니지?" 라고 되묻고, "당신 그렇게 똑똑하면서 왜 부자가 아니야?" 라고 묻는 것과 같은 식입니다.

부자가 되는 수백, 수천 가지 방법을 책으로 쓴 사람들이 모두 부자일까요? 그들에게 "당신은 부자가 되는 법에 대해 썼으면서 왜 아직 부자가 되지 못했는가"라고 묻는다면 그는 얼마나 난처할까요? 그러나 성공했기에 책을 썼다면 퍽 다행스러운 일일것입니다. 마찬가지로 전쟁과 마케팅의 공통점은 승자의 역사로 남는다는 것입니다. 마케팅에서 승리한 상품이 결국 더 우수한 상품으로 기록되는 것이지요.

만약 당신이 부자가 되어 성공하고 싶다면 "더 빨리 진실을 밝히고, 더 빨리 진정한 도움을 청하며, 더 상대가 수용할 수 있는한 제스처를 해야만 합니다." 세상에는 거만하고 가난한 사람들이 가득한데, 이들은 자신들이 무언가를 모른다는 점을 인정하지 않는다고 합니다. 자신들이 영리한 척 행동하면서 살아가는 사람들은 어리석은 사람입니다. 빨리 배우고 싶다면 무언가를 모른다고 빨리 인정하는 것부터 배워야 합니다.

지혜에 대한 전략은 《삼국지》를 통해 얻을 수 있습니다. 삼국지의 주축을 이루는 유비, 관우, 장비. 물리적인 힘이 세기로 치자면 단연 관우나 장비가 형님이 되어야 하겠지만 유비는 그들과 견줄 수 없는 덕(德)으로서 둘의 형님이 되었습니다. 그가 재갈량을 얻을 때는 어땠나요? 자존심을 다 버리고 직접 세 번이나 그를 찾아갔습니다. 전쟁에서 이긴 건 조조지만 지혜를 얻겠다는 것이 유비이고, 삼국지의 주인공은 바로 유비라는 사실을 기억하십시오.

부자는 투자 가치가 있는 정보를 찾아 투자한다

자신이 중요하다고 생각하는 곳에는 아무리 큰돈을 쏟아 부어도 아깝지 않은 법입니다. 시간이 곧 돈이라고 생각하는 사람은 교통비가 아깝지 않고, 로비를 통해 성과를 얻어내야 하는 마케팅 직원에게는 접대비가 아깝지 않습니다. 학부모들에게는 자식들 교육비가 아깝지 않고, 학자에게는 책값이 아깝지 않은 것처럼 말입니다.

이와 마찬가지로 부자들은 정보를 위해 투자하는 것을 아까워하지 않습니다.

게으른 사람들은 집에 앉아 케이블 TV나 보면서 시간을 때우지만, 부자들은 생생한 세미나를 듣기 위해 현장에 발로 뛰고 있습니다.

날마다 배달되는 신문과 인터넷에 실시간으로 나오는 뉴스들은 그들에게 중요한 정보원인 셈입니다. 그래서 그들은 그 정보를 통해 투자가치가 있는 곳에 시간과 자금을 과감히 투자합니다.

부자는 히트될 상품을 예측하고 감지한다

2002년 〈겨울연가〉가 KBS에서 방영되었을 때, 2년 뒤 이렇게 뜨거운 한류를 짐작할 수 있었던 사람은 많지 않았을 것입니다. 삼성경제연구소에서 선정한 2004년 10대 히트 상품 4위는 한류스타(욘사마)가 차지했고, 2004년 일본의 유행어 1위로 〈욘사마〉가 선정되었습니다. 〈겨울연가〉의 촬영지인 춘천 남이섬은 일본 관광객들로 발 디딜 틈이 없는 명소로 자리 잡았으며, 드라마 속에 등장한 목도리와 목걸이, DVD의 주문이 밀려들었습니다. 이러한 한류의 열풍이 있기 전, 한류 드라마를 제작한 프로덕션이나 협찬 업체에 투자를 했다면 어땠을까요?

이런 때늦은 후회를 하기 전에 각종 경제 지표와 통계를 통해 사람들의 기호가 어떻게 변하고 경제 흐름의 진행 상황과 예측들을 살펴보며 미래에 대한 예지 능력이 발현된다면, 판단을 하는 데 있어 즉흥적이고 어리석은 결정을 내릴 가능성이 적어집니다. 그래서 부자는 최소 1년 아니면 3년 후의 상황을 각종 데이타를 통해 미래를 내다봅니다.

2004년 10대 히트 상품의 특성 : 간편함, 저렴한 가격, 젊은 취향의 제품

삼성경제연구소는 2004년 10대 히트 상품의 특성을 통해 소비자들이 불황 가운데에서 선택적 소비를 하고 있는 것이라고 분석하고 있습니다. 또한 예년에 비해 두드러지는 현상은 감성 소비의 형태로 또래 문화에 심취하는 경향입니다. 〈싸이월드〉, 〈한류스타〉, 〈파리의 연인〉이 히트한 이유는 타인의 이해와는 상관없이 자신만의 방법으로 자기를 표현하려는 소비 행태를 대변한 것으로 볼 수 있습니다. 스트레스 해소를 위한 〈비타 500〉이 전국민의 애용 음료가 되고, 유독 매운 음식이 새롭게 개발되어 선보인 것도 새로운 흐름입니다.

미국과 일본의 2004년 히트 상품은 어떨까요? 미국 《비지니스 위크》지는 보청기 기능이 장착된 선글라스, 손가락에 끼워서 사용할 수 있는 일회용 칫솔, 친환경 하이브리드 자동차, 구김 없이 옷을 건조시키는 건조기 등을 2004년 베스트 상품으로 선정했습니다.

일본의 《니혼게이자 신문》은 〈아테네 특수〉와 〈한류〉를 공동 1위로 꼽았습니다. 드라마 〈겨울연가〉의 주인공인 배용준이 일본 중년 여성들의 영웅으로 부상하면서 한국 여행과 한국어 학습 열풍이 촉발됐다고 평가하고 있지요. 2위는 애플의 MP3 플레이어 〈iPOd〉와 마쓰시다사의 〈경사 드럼식 세탁기〉가 차지했습니다.

여기서 일본의 히트상품 1위가 〈한류〉라는 것을 주목할 필요가 있습니다. 한류 열풍은 국내 문화 산업의 잠재력을 입증한 대대적인 사건입니다.

전문가들은 한류의 열풍이 거세게 몰아치다가 순식간에 싸늘해지는 냄비 붐은 아니라고 평가하고 있습니다.

홍콩영화가 아시아에서 각광받았듯이, 한류 역시 한동안 주목받을 것이라는 예측이지요.

국내 문화산업에 대한 투자가 증가하고 발전 가능성을 세계적으로 확인받고 있는 만큼 한류의 경제적 가치는 유효하며, 관광산업의 활성화가 이를 뒷받침할 것으로 예측하고 있습니다.

순위	2004	2003	2002	2001
1	싸이월드	디지털 포토	월드컵	친구 (영화)
2	복합기능휴대폰	로또	컬러 휴대폰	SK OK 캐쉬백
3	비타 500	신가전	메이드인차이나	롯데 자일리톨 껌
4	한류스타(욘사마)	웰빙상품주상복합	아파트삼성전자	콤보
5	대용량 MP3	퓨전사극	홈시어터	TV 홈쇼핑
6	저가화장품	재테크 서적	영어학습	SM5
7	파리의 연인	수입차	테이크아웃점	대형평면 TV
8	마법 천자문	지하철 신문	변형 명품(짝퉁)	아바타
9	주택장기대출	지식검색	책책책책을읽읍시다	종신보험
10	매운 음식	이민상품	한방제품	브랜드 쌀

(출처 삼성경제연구소)

부자의 9가지 유형

그렇다면 부자의 성향에 따라 분류하고, 어떤 유형이 있는지를 알아보도록 하겠습니다.

삼성경제연구소의 사이버포럼 부자특성연구회(www.seri.org//forum//rich)가 주최한 세미나에서 조선대학교 교수이자 재테크 컨설턴트로 활약하고 있는 주혜명 교수는 한국을 움직였거나 현재 영향력을 행사하고 있는 부자, 기업가를 유형별로 분류해 발표했습니다. 소신과 신념으로 한 기업을 이끈 리더들의 모습을 간결하게 정리해 놓은 점이 흥미롭습니다.

1. 평가자 타입 : '삼성' 의 이병철 회장

'삼성' 의 이병철 회장을 평가자 타입으로 분류하면서 철저한 계산에 의해 이뤄지는 지출과 투자를 선호한다고 기술했습니다. 이런 스타일은 스스로에게나 타인에게나 모두 엄격하며, 돈 때문에 현실과 타협해야 하는 상황에 부딪히면 심한 죄책감에 빠지기도 한다고 합니다. 이 유형의 사람들은 철저한 계산과 계획에 의한 지출과 투자를 선호하기 때문에 충동구매는 거의 하지 않습니다. 남의 말만 믿거나 일시적인 기분으로 투자를 하지 않으며, 개인적인 즐거움을 위해 큰돈을 쓰지도 않습니다. 돈이 아무리 많더라도 남에게 밥을 사거나 술을 사는 데는 인색한 편이지요. 반면 의미와 명분만 있으면 아무리 큰돈이라도 쉽게 내놓는, 전형적인 부자 스타일이라는 것입니다.

2. 리더 타입 : '현대' 의 정주영 회장과 전두환 전 대통령

리더 타입은 자신의 영웅 본능을 충족시키고자 하는 스타일로, 자신의 힘과 영향력 행사를 위한 수단으로 큰돈도 아낌없이 쓴다고 합니다. '한 번에 모든 것을 얻으려는 욕심을 버리고 위험 부담을 줄이는 안전한 투자 방법을 택할 때' 리더 타입의 사람은 풍요로운 삶을 누릴 수 있습니다. 정주영 회장은 생전에 다음과 같이 말했습니다.

이를 통해 생각한 것을 바로 실천하는 저돌적인 모습과 리더로서의 모습을 엿볼 수 있는 일면이기도 합니다. 자신이 만든 원칙을 모두가 따라 주기를 바라는 성향이 그에겐 있었다고 합니다.

3. 추진가 타입 : '대우' 의 김우중 전 대우그룹 회장

'대우' 김우중 신화는 무너졌지만, 아직도 김우중 회장의 추진력과 리더의 기질은 높은 평가를 받고 있습니다. 주혜명 교수는 김우중 전 대우그룹 회장을 **추진가 타입**으로 분류했습니다.

일을 효율적으로 처리하는 능력이 뛰어나기 때문에 단시간 안에 큰돈을 벌어들이는 스타일이라는 것입니다. 하지만 워낙 효율성을 중시한 나머지 조급하게 행동하며 무리한 욕심을 부려 한꺼번에 많은 것을 잃기도 한다고 설명을 덧붙였습니다. 이런 유형의 사람들은 지나친 성취지상주의에서 벗어난다면 물질적 풍요를 누릴 수 있습니다. 이들은 어떤 조직에서 누가 실세인지를 재빨리 알아내, 성공을 보장받으려 하는 경향이 있다고 합니다.

4. 분석가 타입 : '삼성' 의 이건희 회장과 '마이크소프트' 사의 빌 게이츠

창의성과 집중력을 중시하는 **분석가 타입**의 예로는 '삼성' 의 이건희 회장과 '마이크로소프트' 사의 빌 게이츠를 들었습니다. 이 타입은 물질적인 것에 그다지 가치를 두지 않는 편으로, 자신의 욕구를 최소화해 지출을 줄이는 타고난 절약가이기도 합니다.

내가 남에게 베풀면

그것이 10배가 되어 내게 돌아온다.

분석가 타입은 남에게 베풀면 더 크게 돌아온다는 법칙을 깨달을 때 부자의 길로 들어설 수 있습니다. 이건희 회장은 지시를 내리기 전에 스스로에게 최소한 여섯 번 이상 '왜'라고 묻는다고 합니다. 이건희 회장은 선친인 이병철 회장과 닮은 점이 있지만, 창의성과 집중력을 중시한다는 면에서 다른 면을 갖고 있습니다.

5. 연예인 타입 : '미래산업'의 정문술 전 사장

연예인 타입은 기발하고 다재다능한 아이디어를 가진 사업가 유형을 말합니다. 조직으로 보았을 때는 '3M' '딴지일보'가 대표적이고, 예로 든 인물은 '미래산업'의 정문술 전 사장입니다. 그들은 **자율과 창의성을 강조한 연예인 타입**의 대표적 인물입니다. 연예인 타입은 일에서의 즐거움을 찾습니다. 이들에게 있어 돈은 하고 싶은 것을 할 수 있게 해 주는 수단이자 즐거움을 주는 도구로 인식됩니다. 재미만 좇는 태도에서 벗어나 인내와 끈기를 가지고 아이디어를 의미

있는 결과물로 만들 때, 연예인 타입의 사람들은 부자
가 될 수 있답니다.

6. 예술가 타입 : '쌈지' 의 천호균 회장

연예인 타입에 이어, 예술가 타입도 있습니다. 예술
가 타입은 삶의 물질적인 면, 현실적인 면을 무시하는
성향이 있는데, 이들 내면에 잠재되어 있는 부자의 자
질은 감정의 기복에서 벗어나 구체적이고 현실적인
목표를 위해 꾸준히 노력할 때 드러난다고 합니다. 이
유형의 대표 기업인으로는 '쌈지' 의 천호균 회장을
꼽을 수 있습니다.

예술이 브랜드에 생명력을 불어넣는다.

그는 이러한 모토로 감각 경영에 성공한 인물이며,
예술을 사업으로 승화시킨 몇 안 되는 기업인입니다.

　손님들이 미안할 정도로 서비스에 최선을 다하는 봉사자 타입의 기업인도 있습니다. 복합문화공간을 표방하는 '민들레 영토' 를 만든 지승룡 사장이 바로 그입니다. 서울 신촌에 처음 뿌리를 내린 후 고려대, 대학로, 경희대, 명동 등에 분점을 낸 이 카페는 기존의 카페 문화와는 전혀 다른 패러다임을 보여 주었습니다. 그의 장사 비법은 '손님들이 미안한 마음을 가지고 돌아가도록 하는 것' . 이 말은 곧 미안한 마음이 들 정도로 서비스에 최선을 다하면 단골손님이 확보된다는 뜻입니다. '민들레 영토' 는 차를 마시는 공간에서 그치는 것이 아니라 차 한 잔 값으로 세미나실과 음식을 제공하는 서비스까지 실천하며 지점을 확장하고 있습니다.

8. 충신 타입 : '안철수 연구소' 의 안철수 사장과 '인텔' 의 앤드류 그루브 회장

충신 타입으로는 '안철수 연구소' 의 안철수 사장과 '인텔' 의 앤드류 그루브 회장을 대표적인 예로 꼽았습니다. 이 유형은 삶은 안전해야 한다는 강박 때문에 많은 걱정을 안고 살며, 무엇이든 보장되지 않는 것은 하기를 꺼려합니다. 그래서 위험 부담을 떠맡아야 하는 투자는 하지 않는 게 상책이라는 생각을 합니다.

돈은 나의 안전을 지켜 주는 수단

충신 타입은 이러한 신념을 가지고 있습니다. 소비를 절제하며, 소비를 하더라도 합리적으로 요모조모 따져 본 뒤에 결정합니다. 만약 투자를 결심했더라도 상당히 신중을 기하며, 문제를 발견하는 능력이 뛰어난 반면 용기가 부족해 우유부단하다는 평판을 듣기도 합니다.

이 타입은 게으른 성향이 있어 돈을 버는데 적극적이지 않는 면이 있지만 돈을 쓰는 데도 소극적인 면이 있다고 합니다. 그러나 투자 할 때는 인내심을 가지고 우량주는 장기보유하는 모습을 보이기도 합니다.

성공한 기업과 실패한 기업의 특성

하루는 공자가 하급 관리로 일하고 있는 조카에게 물었습니다.

"네가 일하면서 얻은 것과 잃은 것은 무엇이냐."

조카가 답했습니다.

"얻은 건 없이 세 가지를 잃었습니다. 일이 많아 공부를 못 했고, 보수가 적어 친척 대접을 못 했으며, 공무가 다급해서 친구와 사이가 멀어졌습니다."

그 후 공자는 조카와 같은 벼슬을 하는 제자에게 같은 질문을 했습니다. 제자는 답했습니다.

"저는 잃은 건 없이 세 가지를 얻었습니다. 배운 것을 써 보게 되어 배운 내용이 더욱 확실해졌고, 보수를 아껴 친척을 접대하니 더욱 친숙해졌고, 바쁜 여가에 친구들과 교제하니 우정이 더욱 두터워졌습니다."

두 사람의 차이점은 무엇일까요? 똑같은 일을 하는 사람임에도 불구하고 서로 반대되는 결과를 얻을 수 있었던 것은 '어떤 태도로 일에 임하느냐' 하는 마음가짐의 문제일 것입니다.

벤처 119(www.venture119.re.kr)에서는 성공한 기업가와 실패한 기업가의 특성을 다음과 같이 분석하였습니다.

> 성공한 기업가는 사업에 대한 몰입도가 높고
> 결단력과 인내력이 강하다.
> 그것은 확실한 비전을 갖고 있기 때문이다.

스스로 설정한 도전적인 목표를 뛰어넘는 데 주력하고, 목표가 달성되면 상향 조정된 새로운 목표를 설정하여 계속적으로 도전해 나아가는 것입니다. 그러기 위해서는 기회 포착을 잘해야 합니다. 기회가 왔을 때 그것을 인지하고 재빠르게 자신의 것으로 수용해 나가는 사람에게 성공이 찾아옵니다. 일단 기회를 자신의 것으로 만든 다음에는 자원과 전략을 거기에 맞추어 나가려는 기회지향적인 성향이 강하며 높지만 달성 가능한 목표를 설정하고 거기에 집중합니다.

> 성공한 기업가는 주도적으로 문제를 탐색하고 해결책을 제시한다.
> 그리고 그 일의 결과에 스스로 책임지려 한다.
> 그것이 비록 실패를 하더라도….

장애물이 앞을 가로막았을 때 돌아가거나 포기하지 않고 이를 극복하려는 욕구가 강하며, 문제 해결을 위해 끈기 있게 노력합니다. 하지만 불가능하다고 판단되는 일에 대해서는 단념도 빠른 편입니다. 그들의 결단력은 너무나 단호해 간혹 독불장군처럼 보이기도 하지만, 사실은 미래를 내다보는 혜안에서 비롯된 것입니다.

성공한 기업인은 어려운 여건에서도 유머를 잃지 않는 등 정신적 여유를 갖고 있는 경우가 많습니다. 그리고 피드백을 효과적으로 활용함으로써 자신의 잘못을 신속하게 파악하고, 잘못된 부분을 재빨리 수정해 나갑니다. 미리 세심하게 계산을 한 후 결정을 내리며, 결정한 다음에는 곧바로 실천에 들어갑니다. 그러나 일의 결과를 당장 얻어내기 위해 안달하지 않고 인내심을 갖고 기다립니다. 정직과 신뢰가 없는 성공은 모래 위의 성에 불과하다는 신념으로 장기적 관점에서 인간관계를 유지하고 사업 활동을 펼쳐 나갑니다.

성공한 기업인은 실패에 실망하지 않고
두려워하지도 않습니다.

- 부자가 되고 싶다면, 닮고 싶은 부자의 모델을 정해야 한다. 그들이 어떻게 부자가 되었는지 알고 그들과 똑같은 길을 걷다보면 자신의 길을 찾아 나갈 수 있다.
- 부자가 되려면 차가운 머리와 뜨거운 가슴을 가져야 한다.
- 부자는 남다른 면모에서 시작된다. 다시 말해 창의력과 역발상. 집중력이 필요하다.
- 부자는 상대방을 귀인으로 만드는 능력을 갖고 있다.
- 부자는 절약을 인생의 중요한 목표로 삼으며 신용을 최우선시 한다.
- 부자는 정보를 찾아 투자한다.

나비효과

"나비의 날갯짓이 다음 달
뉴욕에 폭풍을 몰고 온다"

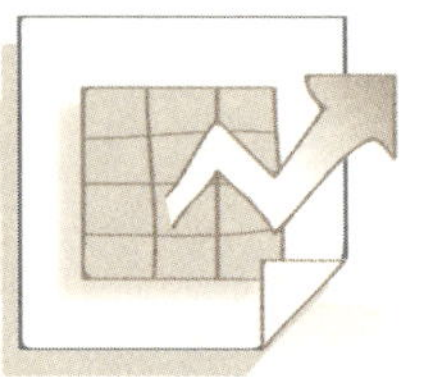

"나비 효과"라는 것이 있다. 북경에 있는 나비의 날 갯짓이 다음 달 뉴욕에 폭풍을 몰고 올 수도 있다는 이론이다. 즉, 초기 조건은 결과에 엄청난 영향을 미치므로 민감하게 의존할 수밖에 없다는 뜻이다. 이는 대수롭지 않게 보였던 작은 변화가 결과적으로 엄청난 변혁을 초래할 수 있는 경우를 표현한 것이다.

오늘날 세계화 시대에서 나비 효과는 더욱 설득력을 갖는다. 디지털과 매스컴 혁명으로 정보의 흐름이 매우 빨라지면서 지구촌 한구석의 미세한 변화가 순식간에 전 세계적으로 확산되는 것은 여러 차례 입증

된 바 있습니다. 이를 부의 흐름과 연결해 생각해 볼 때, 지구 반대편에 있는 나비의 날갯짓이 부의 흐름을 바꿔 놓을 수도 있다는 말이다. 이런 미세한 변화를 감지하기 위해선 방대한 데이터와 자료들, 정세는 물론 문화와 기호의 변화에도 민감한 촉수를 뻗고 있어야 합니다. 전혀 상관없어 보였던 일들이 결정적인 결과를 낳을 수 있기 때문입니다.

지금 이 순간, 어떤 날갯짓을 감지할 수 있을까요? 한차례 거대한 폭풍으로 몰아쳤던 9.11테러를 예로 들어 볼까요. 테러가 있은 지 햇수로 4년이 되었지만 그 폭풍의 여파는 여전히 거셉니다. 그리고 미국에서 있었던 테러가 우리 국민들에게까지 공포심을 불러일으키는 이유는 피랍 후 사체로 발견된 고 김선일 씨 사건이 뇌리에 선명하게 남아 있기 때문입니다. 이라크에 파병을 계속하고 있는 한 우리나라 또한 테러의 위협에서 벗어날 수 없습니다.

세계의 부자들은 미국이 이라크를 침공하기 이전, 9.11 테러가 있기도 훨씬 전에, 그 위험성이 어렴풋이 감지되기 시작했을 때부터 테러로 비롯되는 수익 모델을 찾았습니다. 테러 헤징 회사 같이 테러와 직·간접적으로 관련 있는 회사를 검색하고 금융 상태와 상품을 파악했습니다. 보안 장비 업체, 검색 시스템 전문 업체, 위험물 검색기 관련 회사, 탄저병 등 백신을 만드는 제약회사, 엑스레이 검색 시스템 제조업체, 군수업체 등이 일찍부터 투자 대상으로 1순위 명단에 오른 것입니다. 물론 이건 전쟁이라는 거대한 폭풍이 몰려오기 전, 테러가 있기 전, 미묘한 나비의 날갯짓을 미리 감지했을 때라야 더욱 놀라운 수익으로 창출됩니다.

제 4 장

부자의 머릿속 들여다 보기

오피니언 리더로서 부자가 된 이야기

"21세기는 1명의 리더가

1만 명을 먹여 살린다"

앞서 세계의 물결

에서 경제권을 주도하는 부자가 되려면 어떻게 해야 하는지 그 자세와 방법에 대해 알아보았습니다. 일개 상인으로 남아 나와 내 가족이 배불리 잘 먹고 잘 사는 것이 최종 목표가 아니라면 시대를 읽는 혜안을 갖추어야 합니다. 정치적 이념보다 앞서는 것이 경제 이론입니다. 기업을 이뤄 국가의 대표주자로 세계와 어깨를 나란히 하기 위해서는 큰 안목으로 세계를 두루 살필 줄 알아야 합니다.

우리의 역사에는 시대를 초월하여 존경받는 부자들

이 많습니다. 반면 경제적 부를 이뤘음에도 불구하고 손가락질을 받는 부자도 있습니다. 그들이 갖고 있는 재산 규모를 떠나서, 어떻게 부를 축적했으며 그 부를 어떻게 분배하고 있는지에 대한 평가에 따라 두 부류로 갈리는 것입니다. '내 돈 갖고 내 마음대로 쓴다는데 누가 뭐래!' 식의 행동은 마땅히 비난을 받을 만합니다. 국가 경제에 영향을 미칠만한 규모의 막대한 부는 개인의 취득물이 아니라 이제 공공의 소유 개념으로 이해해야 합니다. 만약 그러지 않고 자신의 부를 이용하여 개인의 사욕을 채우기에만 바쁘다면 곧 이 땅의 사회와 경제가 무너지고 말 것입니다.

부의 칼날은 매우 날카로워서 한 번만 휘둘러도
괴로워하는 사람이 부지기수다.
황금만능의 칼을 제어할 수 있는 것은
부자 스스로가 공인으로서의 사명감을
갖추어야 한다.

따라서 '1명의 부자 탄생이 1만명을 먹여 살린다'

는 말이 있듯이 부자가 되고자 도전하는 사람이 많으면 많을수록 그리고 신흥 거부가 생기면 생길수록 사회는 고용인력이 확충되고 윤택해 집니다. 즉 올바른 부자의 탄생이 국익에 애국자인 셈이지요.

나를 따르라 - 동원그룹 김재철 회장

누구도 해보지 않은 일을 먼저 나서서 한다는 것은 두려운 일입니다. 최초로 세계를 여행한 마젤란이 위대한 것도, 《동의보감》을 쓴 허준 선생이 존경받는 것도 다 그러한 이유에서입니다. 두려움을 극복하고 개척정신으로 미지의 세계를 일구어 나가는 사람은 존경받아 마땅합니다. 만약 그가 나서지 않았다면 아직까지 사람들은 그 영역을 미지의 분야로 남겨 두었을 테니까요. 앞날에 어떠한 위험이 닥칠지도 모르는 상황에서 총대를 메고 "나를 따르라"를 외칠 수 있는 사람은 희생정신과 사랑의 소유자임에 틀림없습니다. 그러한 마음 없이 개척에 나서기란 쉽지 않은 이치입니다.

여기 망망대해에 배 한 척을 띄워 선봉에 선 사람이 있습니다. 국내 최초로 원양어선을 띄워 참치를 잡아들인 사람, 그것을 가공하여 통조림을 만들어 낸 사람, 거기에서 만족하지 않고 이제 우리가 먹는 거의 모든 식품을 생산하고 있는 사람, 금융권에까지 세력을 확장한 사람…… 그가 바로 동원그룹의 김재철 회장입니다. 모든 사람이 "그건 무리다"라고 말했을 때, 그는 할 수 있다는 신념과 의지를 갖고 있었습니다. 그리고 자신의 뜻을 굽히지 않고 최선을 다해 실천해 나아갔습니다. 앞으로 그가 무슨 일을 벌일지는 아무도 모릅니다. 그는 다른 사람이 도전하지 않은 일을 찾아 새로운 일에 도전하려는 의지를 불태우고 있을 테니까요.

"기적적인 수출 성과를 올린 한 해였습니다. 올해는 지난해보다 33% 정도 성장한 2,500억 달러 수출을 무난히 달성할 것으로 보입니다. 무역수지도 300억 달러 흑자를 기록할 전망입니다."

제41회 무역의 날을 앞두고 2004년 11월 24일 가진 기자 간담회에서 김재철 한국무역협회 회장은 올해의 성과를 기적이라고 표현했습니다. 그러나 성공은 2004년의 한국 수출에만 적용되는 것은 아니었습니다. 동원그룹 김재철 회장의 성공 또한 기적이라고 표현할 만합니다. 동원 그룹의 역사는 김재철 회장의 역사라고 해도 과언이 아닙니다.

1935년 전남 강진에서 태어난 그는 고등학교 시절, "우리는 국토가 좁고 지하자원도 없기 때문에 자원의 보고인 바다를 개척하는 길밖에 없다"는 선생님의 말씀을 듣고 주저하지 않고 수산대학에 입학했습니다. 수산대학에서 실습을 하면서 우리나라의 수산계가 낙후되었음을 뼈저리게 느끼던 그는 안정적인 직장에 취직을 하는 대신 원양어선에 승선하기로 결심했습니다. 그리고 졸업식도 하기 전에 우리나라 최초의 원양어선인 지남호의 실습 항해사를 자청해 사모아로 출어하게 된 것입니다. 이것이 김재철 회장이 바다와 맺은 첫 인연이었습니다.

그는 계속되는 어로 작업에 열중하면서도 시간이 날 때마다 틈틈이 책을 읽었습니다. 학창시절 경제적인 여유가 없어서 책을 별로 읽지 못했던 한풀이라도 하듯, 배를 타면서 닥치는 대로 책을 읽어 나갔습니다. 성공한 사람들의 습관이 그러하듯, 그에게도 지독한 메모벽이 있었습니다. 하루도 빠짐없이 일기를 쓰는 그의 습관은 어황이 좋거나 나쁠 때, 인명 사고가 났을 때 원인을 분석해 기록하는 습관으로 이어졌습니다. 이것은 곧 바다를 이해하는 체계적인 데이터베이스가 되었으며, 불과 3년 만에 이론과 실무를 겸비한 선장으로 만들어 주는 데 결정적인 역할을 하였습니다.

선장으로서 치밀하게 계획하고 과감하게 결단하는 그의 처리 방식은 최고의 어획고와 무사고 항해라는 결실을 가져왔고, 이런 성과는 한국뿐 아니라 일본의 원양 수산업계에서까지 그를 독보적인 존재로 부각시키는 계기를 마련해 주었습니다.

1969년 일본 도쇼쿠사의 전폭적인 신뢰를 얻게 된 그는 배 두 척을 무보증 현물차관 도입조건으로 사들여 동원산업을 세웠습니다.

"저는 회사를 세우면서 수산업 분야에서 세계 최대

회사를 만들어 보자는 결심을 했습니다. 다른 산업도 마찬가지입니다만, 배에서 가장 중요한 자원은 인재입니다. 유능한 사람들이 연구하는 자세를 보일 때 결과는 물어볼 필요도 없습니다.”

젊은 기업인으로 입문한 김재철 회장은 동원산업의 이미지를 〈연구하는 회사〉, 〈고기 잘 잡는 회사〉로 각인시키는 데 성공했습니다. 그리고 끊임없이 우수한 선장과 선원들을 발굴하고 양성하는 데 힘을 기울였습니다.

1973년과 1979년, 두 차례에 걸친 오일쇼크는 김 회장에게는 오히려 기회였습니다. 그는 대형 공모선 동산호를 건조하고 헬리콥터 탑재식 참치 선망선을 도입했으며 사세를 크게 확장시켰습니다. 바다에 뜻을 두고 있었다고는 해도, 그는 수산업에만 머물러 있는 것을 원하지는 않았던 것입니다. 1980년대 동원산업은 1차 산업인 수산업에서 2차 산업, 3차 산업으로 다각화하는 변화를 모색해 나갔습니다. 1982년 동원은 참치 캔 생산을 시작으로 식품 가공업에 뛰어들었고, 같은 해에 한신증권을 인수해 금융업에 진출했습니

다. 어찌 보면 갑작스럽고 분야가 전혀 다른 사업이었
지만, 그는 놀라운 학구열로 쌓은 방대한 데이터와 바
다를 배경으로 한 실전 경험을 통해 강력한 추진력으
로 사세를 확장해 나갔습니다. 그 결과, 참치캔은 국
내 경쟁업체들의 도전을 물리치고 국내 시장을 석권
하였으며, 동원증권은 최우수 증권회사로 성장했습니
다. 마침내 그는 17개의 계열사를 가진 동원그룹의 총
수가 되었습니다. 그리고 2003년부터 8만여 개 무역
업체를 대표하는 한국무역협회의 사령탑을 맡고 있습
니다.

　"1969년 東遠産業(동원산업)이라는 이름을 선택하
면서 저는 두 가지 목표를 설정했습니다. 동원이라는
이름은 동쪽, 즉 한국에 있는 우리 회사가 원양어업에
서 전 세계를 무대로 뛰면서 세계 최대, 최고의 회사가
되자는 것이고, 산업이라는 이름은 단순히 1차 산업인
수산업뿐 아니라 2차 산업인 제조 부문 그리고 3차 산
업인 유통 금융 등으로 진출하여 균형을 이루자는 사
업 방향을 함축한 것이었습니다."

　현재 동원그룹의 방대한 조직도가 어떻게 완성될

수 있었는지 그의 이 말을 통해 알 수 있습니다. 동원산업의 창업 이념은 〈성실한 기업 활동으로 사회 정의의 실현〉입니다. 그리고 그의 좌우명 역시 〈모든 일을 정성스럽게 하자〉라고 합니다. 〈선장 출신의 그룹 총수〉, 〈현대판 장보고(張保皐)〉, 〈해양 개척의 선두 주자〉 등 그에 대한 수식어는 다양하지만, 그는 성공한 기업인이기보다는 그저 매사에 성실하게 자기 일을 해낸 한 사람인지도 모릅니다.

2004년 11월 동원참치캔이 30억 개가 판매되는 기록을 세웠습니다. 1982년 출시된 이래 판매량 31억 5000만 캔, 누적 판매액 2조6000억 원에 달합니다. 참치 캔을 일렬로 늘어놓으면 지구 6.1바퀴, 한라산과 백두산을 141번, 서울과 미국 LA를 13번 왕복할 수 있는 길이입니다. 망망대해에서 지금의 동원그룹을 개척한 그는 여전히 한국의 미래가 바다에 달려 있다고 믿고 있습니다.

"지도를 거꾸로 보면 한국인의 미래가 보인다"고 강조하는 그는 한반도를 바라보는 새로운 패러다임을 제시해 한국의 무한한 발전 가능성을 주창하는가 하면 복합 무역 전략, 동북아 물류 중심지화 전략 등을 강조하는 미래 전략가로도 활약하고 있습니다. 또한 수많은 책들을 탐독하고 기록한 데 따른 당연한 결과물로, 주옥같은 문장들을 남기는 문장가로도 명성을 쌓고 있습니다.

"저는 바다에서 몇 차례 죽을 고비를 넘겼습니다. 비록 제가 아직 생명을 유지하고 있지만 그때 죽었으면 현재의 저는 존재하지 않는 것입니다. 그래서 언제 끝날지 모르는 이 세상에서의 삶에 이왕이면 깨끗하고 남에게 피해 주지 않는, 멋진 모습을 남겨져야겠다는 생각을 하게 되었습니다."

1990년에 장남에게 주식을 증여하면서 납부한 62억 3천8백만 원은 아직도 회자될 만큼 성실한 납세의 모범적인 예로 남아 있습니다.

"저는 배에서 인생을 배웠습니다. 생사의 갈림길에서 겸허를 배우고, 아랫사람이 고생하는 것을 보면서 이들에 대한 사랑이 생겼습니다. 집중하지 않으면 위험에 빠지고, 바다를 보면 마음이 넓어지는 것을 느낍니다."

무역협회회장으로서 우리나라의 무역 전체를 고민해야 하는 입장에 있는 그는 이전보다 한층 더 넓고 사나운 바다에서 배를 바르게 인도하기 위해 특유의 성실성을 또 한번 보여 주고 있습니다.

진정한 노블레스 오블리주의 실천과 목숨을 걸고 바다를 항해하는 선장의 자질이 김재철 회장의 가장 훌륭한 자산이 아닌가 싶습니다.

절대의지를 꺾지 않겠다 -포스코 이구택 회장

기업인의 마음가짐으로 중요하게 손꼽는 것이 절대의지입니다. 비전을 성공의 중요한 덕목으로 손꼽는 이유가 바로 그것 때문입니다.

비전은 목적의식이란 말로 대신할 수 있는데, 비전이 확고한 사람은 고난이 닥쳤을 때 그것을 이겨 나갈 용기와 의지를 가질 수 있습니다. 비전은 역경과 고통을 녹이는 빛이며 의욕을 실어 나르는 동맥인 것입니다.

여기 불굴의 의지를 가진 경영인이 있습니다. 포스코의 이구택 회장입니다. 그는 세계 1위가 되기 위해 쇳덩이와 씨름하며 불구덩이 속에서 의지를 단련하였습니다. 투철한 윤리의식, 기본과 원칙에 충실하자는 반듯한 생각으로 그는 의지의 기본을 삼았습니다.

노력파로 정평이 나 있는 그는 의지를 실현하기 위해 책장을 넘기고 서류를 꼼꼼하게 검토합니다. 10년 후 포스코가 어떤 모습으로 변화할지는 아무도 모르지만, 현재 이구택 회장이 있는 한 보다 많은 것을 이루어 발전해 있을 게 틀림없습니다.

앞서, 부자들의 실천적 지식에 대해 언급한 바가 있습니다. 부자들, 정확하게 말해 하나의 기업을 이끄는 CEO들은 한결같이 방대한 현장 지식을 갖고 있습니다. 포스코의 3대 회장인 이구택 회장은 1970년 입사해 척박한 땅에서 뜨거운 쇳물을 뽑아내는 현장을 거쳐 다양한 부서에서 경영자 수업을 쌓았던 인물입니다.

이구택 회장과 포스코의 인연은 대학 재학 시절부터였습니다. 서울대 금속과 시절 이구택 회장의 주임

교수였던 고 윤동석 씨가 "철강을 지배한 민족이 세계를 지배해 왔다. 우리나라에 일관제철소가 성공하려면 제대로 공부한 인재가 필요하다"라는 말로 유학을 준비하고 있던 이 회장의 발을 붙들었습니다.

이렇게 해서 1969년 3월, 공채 1기로 입사했고 생산 현장 못잖게 경영, 판매 분야를 경험하며 다양한 지식과 경험을 쌓아 갔습니다. 그는 열연 기술과장, 해외 영업과장, 수출부 차장, 수출부 부장, 경영정책부장 등을 역임하면서, 맡은 분야마다 장기 마스터플랜을 마련하는 등 비전을 제시했다는 평가를 받았습니다.

앞뒤 가리지 않고 밀어붙이던 현장과 합리적 조직인 본사를 연결하는 일은 쉽지 않았지만, 단단하고 빈틈없이 일을 잘해 박태준 회장은 일찌감치 그를 경영 자감으로 생각하고 있었다고 합니다.

경영효율 세계 1위라는 포스코를 이끌고 있는 이 회장의 취임 이후 2년 동안, 포스코 발전상황은 눈이 부실 지경입니다. '포스코는 지난 몇 년간 꾸준히 강화해 온 경쟁력을 바탕으로 이제부터 본격적인 성장 경영에 나서겠다' 고 밝힌 지 1년 반 뒤인 2004년 3분기,

포스코의 순이익은 1조 원을 넘었습니다. 분기별 순이익으로는 창사 이래 최대치입니다. 3분기까지 포스코 누계 매출액은 14조1천840억 원으로 지난해 1년 매출액인 14조3천593억 원에 육박했고, 순익은 2조6천470억 원으로 2003년 전체보다 오히려 6천600억 원이 많은 금액입니다.

2004년 매출액은 19조 7천 920억 원, 순이익 규모는 5조 540억 원으로, 이러한 결과는 순이익이 2003년보다 70% 이상 늘어난 것이며, 증가 면에서 볼 때 우리나라에서 삼성전자 다음으로 2위 순이익 금액입니다.

그러나 이보다 더 의미 있는 수치가 있습니다. 매출액 대비 이익률(영업)이 세계 1위라는 점입니다. 이것은 세계 어느 철강회사와의 비교를 불허하는 특출한 기록입니다.

일반적으로 세계 철강회사의 평균 이익률이 10%대에 머물고 있는 것과 대조적으로 포스코의 이익률은 23%에 달하고 있습니다. 포스코를 '경영효율이 세계 1위의 제철소'라고 하는 말이 빈말이 아니라는 증거라고 하겠습니다.

 부의 이동

취임하자마자 이런 놀라운 성과들을 내놓을 수 있었던 데는 뜨거운 쇠를 단련하는 것만큼이나 부단한 노력과 공부가 있었습니다.

처음 배치된 서울 본사의 기획관리부에서 그는 후에 포철 회장을 지낸 황경로 부장을 만나고, 그로부터 체계적인 지도를 받게 됩니다.

또한 신사업본부장 시절에는 박태준 회장의 특명에 따라 돈이 될 만한 사업은 모두 검토했을 정도로 웬만한 비즈니스는 모조리 공부할 기회를 가졌다고 합니다. 여기에는 포스코가 전개했던 이동통신사업(신세기통신 017 : 현재 SK 합병)도 포함되어 있었습니다.

당시 박태준 포철 회장은 1992년 광양제철소 준공을 앞두고 연간 1조 원 정도의 매출을 올릴 수 있는 신사업을 찾아내라고 지시했다고 합니다. 하지만 아무리 포스코라 해도 1조 원짜리 신사업을 찾기란 결코 쉬운 일이 아니었습니다. 박 회장은 수시로 일거리를 던져 주는 스타일이었습니다.

당시 이 회장은 온갖 사업을 다 훑어보았다고 합니다. 철강을 직접 소비하는 자동차 사업 진출을 위해 기아자동차, 쌍용자동차 등과 은밀히 합작 협상을 벌인 적도 있습니다. 심지어는 철강과 전혀 관련이 없는 동물 사료 사업까지 신규사업 후보에 올려놓았으며 이를 위해 일본의 한 돼지농장에 출장을 다녀오기도 했습니다.

이 회장의 인사 기록 카드를 보면 이 기간 중 총 23차례에 걸쳐 해외 출장을 다녀온 것으로 돼 있습니다. 이런 단련 과정을 거친 뒤 그는 1988년 이사에 선입되었고, 1994년 제철소장(전무), 1996년 부사장, 1998년 대표이사 사장, 2003년 대표이사 회장으로 고속 승진할 수 있었습니다.

이구택 회장 취임 후, 포스코는 성장과 혁신의 양날개를 적절하게 조화하고 있다는 평가를 받고 있습니다. 성장 측면으로 보면 작년 4월 연산 60만 톤 규모의 스테인리스 제3 제강공장 준공으로 세계 5대 스테인리스 생산회사로 발돋움했으며, 2007년 자동차 강판 450만 톤 생산 체제 구축을 목표로 각각 45만 톤, 40만 톤 규모의 자동차용 아연도금 강판 설비 건설을 확정한 것이 눈에 띕니다.

특히 2004년 8월에는 세계적으로 주목받고 있는 포스코 고유의 저원가, 친환경 혁신 제철공법 파이넥스 설비를 착공함으로써 기술 선진 기업으로 위상을 강화하는 한편, 2008년까지 국내 조강 능력 3천200만 톤 체제 구축을 본격화했습니다.

최근에는 중국에 연간 60만 톤 규모의 한중합작 스테인리스 제강, 열연공장 설립을 확정하고 사업에 착수했습니다. 대중국 사업 추진을 위해 작년 11월에 포스코 차이나를 설립한 바 있습니다.

철강 원료를 보유하고 있는 해외에서 새로운 성장 동력을 확보하기 위해 인도와 브라질 등에 제철소 건설 사업을 적극 추진하고 있으며, 기존의 해외 광산 외에도 지난 9월 호주 지역의 새로운 광산 개발에 참여함으로써 전체 철강 원료 소요량의 12% 수준인 700여만 톤을 해외 현지 개발로 안정적으로 조달하게 됐습니다.

이구택 회장은 이 대대적인 투자 사업을 전개하면서 단기적인 성과와 배당을 중요시하는 외국인 투자가들을 대상으로 '미래를 위한 설비 투자 확대가 궁극적으로 주주 가치를 높이는 것'이라고 설득, 적극적인 지지를 이끌어 냄으로써 사업 추진의 탄력을 높였습니다.

이와 더불어 이 회장은 경영 혁신 활동도 게을리하지 않고 있습니다.

전통적인 철강 산업에 IT를 접목해 생산 구매와 판매 등 경영 전반의 효율을 극대화하기 위한 프로세스 혁신(PI), 6시그마 운동 등을 추진해 온 것이 그 좋은 예라고 할 수 있습니다. 이런 활동으로 생산성은 높아지고 비용은 대폭 절감되는 효과를 거두었습니다.

그러나 무엇보다 그는 윤리 경영을 강조합니다. 포스코는 CEO를 철저히 감시, 견제할 수 있는 투명하고 독립적인 기업 지배 구조를 구축하기 위해 외부 전문 기관에 용역을 의뢰, 이사회의 사외이사 비중을 종전 8(사외)대 7(사내)에서 9대 6으로 대폭 확대, 이사회의 독립성을 강화하는 방안 등을 도입했습니다. 이구택 회장은 **_회사 이윤과 기업 윤리가 상충될 때는 주저 없이 기업 윤리를 선택하라_**고 언급할 만큼 윤리 경영을 강조하고 있습니다.

'혹시라도 비윤리적 행위가 회사의 이익에 도움이 될 것이라는 유혹을 느낄 때일수록 초심으로 돌아가 기본과 원칙을 생각하면서 업무에 임해 줄 것?'을 당부할 정도입니다. 포스코 와 포스코의 경영 체제를 외부에서 제대로 이해해 줄 때까지 성직자처럼 처신해 줄 것을 임직원들에게 강력히 주문하고 있는 것입니다.

한편 아시아 월스트리트 저널 (AWST)은 2004년 2월 21일자에서 '2004년 가장 존경받는 200대 기업' 설문조사에서 포스코가 삼성전자에 이어 2위에 올랐다고 보도했습니다.

직원을 인재로 만들어 가는 인재 경영법
삼성 이건희 회장

삼성에 대해서 더 무슨 말이 필요 할까요! 이미 삼성은 신화가 되어 버렸습니다. 국내는 물론 세계 시장에서까지 삼성의 명성은 빛나고 있습니다.

무엇이 삼성을 세계 기업의 반열에 올렸을까요? 그

것은 삼성을 구성하는 낱낱의 구성원, 즉 개개인의 힘
이었습니다.

삼성은 _"1명의 리더가 1만 명을 먹여 살린다"_ 는 기
치 아래 인재 경영에 총력을 기울였습니다. 사원들이
자아를 계발할 수 있도록 여유를 주고, 잘하는 아이에
게 떡 하나 더 준다는 심정으로 인센티브 제도를 도입
하였습니다. 개인의 발전을 위해 회사가 지원할 수 있
는 부분은 최대한의 배려를 아끼지 않았습니다. 경영
진의 정책은 정곡을 찔렀습니다.

삼성의 직원들은 자신이 속해 있는 그룹에 대해 감
사와 자부심을 느꼈습니다. 그러한 마음가짐은 일의
능률을 올리고 자발성을 높였습니다.

그것이 삼성이 세계 시장에서 우뚝 설 수 있는 힘의
근원이 된 것입니다. 이러한 삼성의 핵심에는 대를 잇
는 경영인 이건희 회장이 있었습니다.

> 삼성의 이건희 회장의 키워드 :
> 혁신적인 마인드, 카리스마 있는 결단력,
> 미래를 읽어 내는 혜안

그의 이러한 남다름이 있었기에 삼성이 신화로 남을 수 있었던 게 아닐까요? 그의 존재가 새삼 무게감 있게 와 닿습니다.

해외에 나가서 국산 브랜드의 상품을 만났을 때의 반가움은 감격 그 자체입니다. 그때서야 비로소 한국의 존재감을 느끼고 한국인임을 되새기게 되지요. 삼성은 대표적인 국내 브랜드이며, 첨단 산업의 중심에 뿌리를 두고 가열 찬 성장을 거듭하고 있는 기업입니다.

삼성이 60년 동안 성공을 거듭하며 가파르게 성장하고 있는 데는 뭔가 특별한 이유가 있습니다. 인재 경영과 안정적이면서도 과감한 투자 그리고 무엇보다도 강력한 리더십을 바탕으로 한 경영철학을 들 수 있습니다.

산업에 있어 절대 강자는 있을 수 없습니다. 절대 무너지지 않을 것 같았던 대기업들이 한순간의 실수나 경쟁사로 인해 무너지는 경우를 우리는 주변에서 너무나 많이 보아 왔습니다.

IBM의 신화가 애송이 컴퓨터광이었던 빌 게이츠에

게 무너질 줄 그 누가 상상이나 했겠습니까. 소니의 월스트리트의 시가 총액이 삼성에게 뒤쳐질 것이라고는 불과 몇 년 전까지만 해도 상상조차 할 수 없었던 결과입니다.

삼성은 한국을 넘어 세계의 신화를 이루고 있는 기업입니다. 삼성은 전자사업으로 다른 경쟁업체와 비등한 경쟁 관계를 보이다가 어느 순간 눈부신 약진을 이루어 냈습니다. 세계 초일류 기업을 일찍부터 표방했으며, 현재 그 목표에 근접해 가고 있습니다.

삼성에게는 외부의 몰아치는 태풍도 그다지 큰 영향을 미치지 못했습니다. 국가 환란이라고 불리던 IMF 때도 삼성은 굳건히 뿌리를 지켰으며, 지난 60년간 성장에 성장을 거듭해 왔던 것입니다.

삼성의 예는 국내에 이미 귀감이 되고 있을 뿐만 아니라 해외 기업들의 벤치마킹 대상이 되고 있습니다. 무엇이 이런 삼성의 신화를 가능하게 한 것일까요? 삼성의 잠재된 성장 가능성을 확인함으로써 또 다른 삼성 신화를 기대해 보는 것은 우리 국민이라면 누구나 가지는 기대가 아닐까 합니다.

삼성 신화를 말하는 데 있어서 그 선봉격에 가장 먼저 내세워야 할 이는 삼성의 근간을 제공한 고 이병철 삼성 회장입니다.

해방 전, 그는 일본 와세다 대학에서 유학을 했습니다. 맨손으로 일어선 기업인들과 달리, 그는 서양을 비롯한 일본의 사정이 어떻게 돌아가는지 알고 있었으며 경영에도 자신감을 보였습니다.

그리고 엘리트들이 룸펜으로 전락하던 시대 상황 속에서 그는 고상함이나 떠는 지식인의 태도를 버리고, 과감히 사업에 도전했습니다. 그가 자신감에 가득 차 가장 먼저 시작한 사업은 바로 정미소였습니다. 대부분의 사람들이 한 개의 정미소에 만족하고 안주했던 것과는 달리 그는 부동산과 운수업을 병행했습니다. 그러나 자신감과는 달리 충분한 사업 노하우와 시대적인 흐름을 이해하지 못했던 그는 크게 실패하고 말았습니다. 허망한 야심으로 인해서 결국 하나의 실속도 차리지 못하게 된 꼴이었습니다.

이후 그는 실패한 원인을 분석하고 자신의 사업에 체계를 세워 나갔습니다. 그리고 이것이 현재 삼성이 추구하는 바대로, 시대가 요구하는 사업, 부실 없는 기업, 공존 공영하는 기업의 모토가 되었습니다.

그 후 이병철은 기회가 오면 반드시 잡았고 무리수를 두지 않으면서 일을 추진했습니다. 이것이 오늘날 삼성이 안전 위주의 사업을 전개하고 있는 이유이기도 합니다. 그렇다고 이미 남들이 다 하는 사업만을 추진한 것은 아니었습니다. 확실한 판단이 서는 사업에 대해서는 운명을 건 투자를 하기도 했습니다. 때로는 남들이 염려하고 극구 말리더라도 자신의 신념에 확신이 있을 때는 과감히 투자에 나섰습니다.

삼성이 제당과 모직, 비료 산업 등 다양한 제조업에 폭넓게 손을 뻗치고 있는 것도 그 때문입니다.

그의 이런 성향을 보여 주는 예가 말년의 반도체 사업 인수와 투자입니다. 막대한 투자를 요하는 반도체 산업에 대해 다른 기업들은 발을 빼고 있었지만, 삼성은 더욱 공격으로 투자를 했습니다. 이병철 회장 개인의 재산을 털어 넣으면서까지 과감하게 덤벼든 것은 미래를 예측하는 감각과 신념이 있기에 가능한 일이었습니다. 그는 다가올 세기를 첨단산업이 주도할 것이라는 확신을 갖고, 그 선두주자로 반도체 산업을 꼽았던 것입니다. 그리고 결국 오늘날 삼성은 신화를 이루어 내고야 말았습니다.

삼성의 까다로운 인재 채용도 이병철 회장으로부터 시작되었습니다. 지원자를 갑, 을, 병으로 평가해서 갑으로 평가된 사람은 무조건 채용하고, 병으로 평가된 사람은 절대 채용하지 않는다는 원칙을 세운 것은 유명한 일화입니다.

이병철 회장의 갑, 을, 병은 면접관들의 ABCD 보다 막강한 채용권을 행사하는 것이었습니다. 그만큼 사람을 쓰는 일에 있어 그는 신중에 신중을 기했습니다.

사람을 채용하는 일만 중하게 생각했던 것이 아니라, 일단 채용한 사원들에 대한 사후관리도 치밀했습니다. 그는 일찍부터 사원들의 재능을 계발해야 한다는 생각을 갖고 사내교육에 앞장섰습니다. 그것은 당장 수주받은 물건을 납품하는 데 급급한 구멍가게 마인드가 아니라, 확실히 장기적인 미래를 내다보는 기업 철학이었습니다. 사원 교육의 현대화를 위해 기업 연수원을 짓고 교육에 엄청난 시간과 돈을 쏟아 붓는 걸 쉽게 이해하지 못하는 이들도 있었지만, 그의 앞선 경영은 늘 그랬듯이 기업의 수익과 매출 지표로 확인 되었습니다.

인재만을 쓰고, 그 인재를 교육시켜서 더 큰 효율을 낼 수 있다는 삼성의 인재 등용은 효과를 보기 시작했 습니다.

이병철 회장의 뒤를 이은 이건희 회장은 한층 더 카 리스마가 넘치는 경영방식을 보여 주고 있습니다. 2002년 이건희 회장은 〈인재 전략 사장단 워크숍〉에 서 *21세기는 탁월한 1명의 리더가 1만 명을 먹여 살리 는 인재 경쟁의 시대*라는 말로 또 한번 화제를 모았습 니다.

"1명의 리더가 1만 명을 먹여 살린다?"는 그의 주 장대로 이때부터 국적 불문의 채용과 핵심 인력의 글 로벌 역량 강화, 재능과 끼를 갖춘 인재 조기 양성 프 로그램 제공 등 3대 중장기 과제를 추진해 나가고 있 습니다.

이건희 회장의 스타일을 〈화두형〉이라고 합니다. 사업에 대한 화두를 던지고 그에 대한 효과를 극대화해 내는 것인데, 이를테면 '마누라랑 자식 빼고 다 바꿔라' 라는 신 경영 선언과 '7.4제' 가 대표적이라고 할 수 있습니다. 1993년 프랑크푸르트에서 삼성의 임원진들을 불러 놓고 목놓아 외쳤다는 신경영은 21세기를 내다본 정책이었다고 해도 과언이 아닙니다. 제조업의 단순한 마인드가 아니라 창조적인 사고를 바탕으로 모든 것을 다시 생각해야 한다는 것이 그의 생각이었습니다. 68일 동안 350시간을 강의하면서 세계 각 도시를 돌아다녔던 그에게 한쪽에선 비아냥거리는 목소리도 적지 않았습니다.

그러나 결과적으로 그의 신 경영은 무서운 파급 효과를 내기 시작했습니다. 삼성은 신 경영 이후 지난 10년간 매출액 3.4배, 이익 28배를 기록하며 한국을 대표하는 기업으로 성장하였습니다. D램, TFT-LCD 등 18개의 월드베스트 제품과 세계 34위(83억 달러)의 브랜드 강자로 성장한 것입니다.

신경영의 취지에 맞춰 또 한번 발표된 것이 7.4제입니다. 7시에 출근해 4시에 퇴근한다는 것은 출퇴근 시간의 혁명이라 해도 과언이 아니었습니다.

9시 출근, 6시 퇴근, 야근도 불사하며 일을 해내던 당시의 상황에 비추어 볼 때 이것은 파격적인 단행이 아닐 수 없었습니다. 그러나 6시 30분 이후로는 회사에도 남아 있지 말라는 이런 조치는 직원들이 잠을 줄이고 여가 시간에 자기 능력을 계발하라는 의미였습니다.

꼭 자기 계발이 아니더라도 가정생활에 충실하면서 회사가 아닌 삶을 충분히 경험할 때, 아이디어의 혁신도 있을 수 있다고 믿는 이건희 회장 자신의 신념에서 비롯된 조치였던 것입니다.

삼성이 자체 분석한 결과에 따르면 7.4제 실시 이후 퇴근 뒤 시간을 61%가 개인 학습에 활용했고 24%는 가족과 함께하는 데 활용한 것으로 나왔습니다.

삼성은 지난해 2월 28일자 보도 자료를 통해 '7.4제는 임직원의 자기 계발을 유도해 질 위주의 변화와 구조 개혁을 통해 어떠한 경영 환경 속에서도 연간 조 단위 이상의 수익을 올릴 수 있는 경영 시스템을 창출하는 정신적인 버팀목' 이라고 평가했습니다.

또 이 자료에서 삼성 직원들 중 외국어 자격 취득자

는 1만4천200명에서 3만500명으로 배 이상 늘었고, 정보화 자격은 1천900명에서 3만5천명으로 18배 상승한 것으로 나타났습니다.

삼성의 신화는 하나하나 되짚어 볼 필요가 있습니다. 양보다는 질을 외친 삼성의 기업 모토도 그러합니다. 지금은 당연한 결론을 얻은 상태지만, 당시 양과 질의 논쟁은 뜨거웠습니다.

이건희 회장은 물자 부족을 메우기 위한 양 늘리기는 이제 더 이상 통하지 않는다고 외쳤습니다. 그래서 1995년에 구미 사업장에서 무선전화기를 포함해 팩시밀리, 휴대전화 등 15만 대의 제품들을 다 태워 버렸던 이벤트를 벌였습니다.

이건 시작에 불과했습니다.

이건희 회장의 내몰아치는 리더십의은 **_"세계 최고가 아니면 살아남을 수 없다 즉, 월드베스트를 양산하라"_**며, 절대 명품을 요구하기에 이르렀습니다. 이른바 월드베스트를 양산하라는 요구였던 것입니다.

이런 노력으로 인해 삼성 계열사의 생산품들은 월드베스트의 딱지를 확보하기 시작했습니다.

2003년 말 현재 기준으로 삼성의 월드베스트는 18개이며 매년 더 놀라운 기술력으로 증가하고 있습니다. 삼성전자의 D램(금액 기준), TFT-LCD, CDMA 휴대전화 등 7개, 삼성전기의 DY(브라운관 부품 소재 편향코일), FBT(모니터용 고압변성기)와 삼성SDI, 삼성코닝, 삼성정밀유리, 삼성정밀화학, 제일모직 등도 세계 1등 품질을 보유하고 있습니다.

이런 공격적인 경영은 과부화를 겪기는 커녕 놀라운 추진력을 갖추고 세계로 뻗어 나가고 있습니다. 삼성의 모토가 세계 일류를 지향하는 기업들의 표본이 되고 있으며, 일류기업 역시 삼성의 경영 방식에 관심을 집중하고 있습니다.

이건희 회장의 리더십을 보좌하고 있는 것은 완벽한 자기 확신과 반박할 수 없게 만드는 카리스마라고 할 수 있습니다. 그는 영화 중 〈벤허〉를 가장 좋아한다고 합니다.

이는 이병철 회장의 가르침이라고 하는 목계론과 연장선상에 있는 것입니다.

근엄한 위용을 갖추면 싸움닭도 범접하지 못한다는

장자의 예화는 채찍을 사용하지 않고도 마차 경주에서 이기는 벤허와 닮은꼴입니다.

능력의 대가를 제공하면 더 나은 수익이 창출된다는 것을 일찍부터 알았던 선견지명의 경영 원칙이 가져다 준 놀라운 기업 논리이며, 자본주의가 만들어 낸 경이로운 발명품인 것입니다.

발빠른 전략, 인재에 대한 투자 - 엔씨소프트 김택진 사장

한국의 미래 사회가 벤처 기업의 두 어깨에 달린 것처럼 떠들썩한 한때가 있었습니다. 상장한 벤처기업의 주가가 한 달 내내 상한가를 기록하면서 대기업의 주가를 훨씬 넘어서기도 했습니다. 주가란 기업의 가

치 평가 기준이 되므로, 사람들은 너도나도 벤처 창업
과 투자에 열을 올렸습니다.

하지만 그것이 거품임이 밝혀지고 그 거품이 사라
지기까지 그리 시간이 오래 걸리지 않았습니다. 거품
이 사라진 자리, 결과는 한마디로 참담했습니다.

그런데 문제는 거품이 사라지면서, 건실하고 전도
유망한 벤처들까지 매도되어 버렸다는 것입니다. 아
예 벤처는 믿을 만한 곳이 아니라는 의식이 생겨난 것
입니다. 힘든 시기에 엎친 데 덮친 격이었으니 자본이
약한 벤처들은 우수한 기술력과 기획력을 갖고 있으
면서도 고배를 마셔야 했습니다.

그 가운데 시련을 딛고 일어선 사람이 있습니다. 엔
씨소프트의 김택진 사장입니다. 그는 온라인 게임을
즐기는 사람들의 심리를 알고 발 빠르게 전략을 세워
나갔으며 우수한 인재를 놓치지 않기 위해 최선을 다
했습니다.

불모의 세계에 가까운 온라인 게임 시장에서는 우
수한 인재 한 명이 곧 회사의 사활을 결정지을 수 있기
때문입니다. 그가 이뤄 놓은 성공 벤처의 모델은 벤처

를 꿈꾸는 많은 젊은이들에게 희망을 줄 것입니다.

오늘날 한국 벤처 신화에 거품이 빠지고 있습니다. 2000년 불었던 벤처 바람은 정점에 이르렀다가 곧 내리막길로 곤두박질치기 시작했습니다. 패기만만한 젊은 기업인들은 냉정한 현실 속에서 의지를 꺾인 채 좌절해야 했습니다.

국가 지원금을 받고 대기업이 든든하게 뒷받침을 해 주던 벤처들도 겨울바람 앞의 낙엽처럼 우수수 무너져 갔습니다. 그러나 이때 엔씨소프트는 수없이 사라져 간 여느 벤처 기업들과 달리 2005년 현재까지도 전도유망한 기업으로 확고히 존재하고 있습니다. 2000년 액면가 500원으로 코스닥에 입성한 뒤, 2004년 말 1조 8,000억 원의 시가 총액을 기록하고 있고, 2005년 2월말 현재 주가가 72,500만에 이르는 기업이 된 것입니다.

이런 성공에는 기술과 경험을 가진 경영자 김택진 사장의 역할이 절대적이었습니다. 그는 우수한 개발자들을 바탕으로 외부 환경의 변화와 흐름을 파악하고 발 빠른 콘텐츠를 개발했습니다. 외부 환경의 변화와 흐름을 정확하게 파악했으며, 한 걸음 앞서서 전략을 계획하고 수행해 나아갔습니다. 이 모든 것은 김택진 사장이 뛰어난 능력을 갖춘 개발자였기에 가능한 일이었습니다.

서울대 전자공학과 출신인 김택진 사장은 학교에서 이찬진 현 드림위즈 사장을 만나 아래아한글의 개발을 도왔습니다. 그러나 그래픽 전문가로 통하던 그는 이찬진 사장 적극적인 권유에도 불구하고 한글과 컴퓨터에 들어가지 않았습니다. 대신 그는 대학원에 남아서 한글 키보드 연습용 소프트웨어 〈한메타자교사〉를 개발했습니다.

이후 현대 전자에 입사했고 미국 보스턴 연구소에서 1년 반 동안 연구 개발한 끝에, 세계 최초의 인터넷 기반 PC 통신 〈아미넷(지금의 신비로)〉을 내놓게 되었습니다. 김택진 사장은 처음부터 게임에 관심이 많았습니다. 그는 인터넷을 기반으로한 게임의 개발을 꿈꾸었고, 당시 〈천재 개발자〉라 불리던 송재경(현 엔씨소프트 이사)을 만나 국내 최초의 그래픽 머드 〉〈바람의 나라〉 게임 엔진을 개발하였습니다. 그리고 1998

년 드디어 엔씨소프트를 대표하는 온라인 게임 〈리니지〉의 서비스를 시작할 수 있었습니다.

김택진 사장이 온라인 게임을 선택한 데는 다 이유가 있었습니다. 한국에는 이미 초고속통신망 인프라가 잘 갖추어져 있었고, 기존 게임들은 유통 구조상 게임 개발자들에게 매우 불리하다는 판단 때문이었습니다. 온라인을 통한 서비스 방식은 유통 비용을 낮출 수 있을 뿐만 아니라 수명이 매우 긴 편이기 때문에 안정적으로 수입원을 확보할 수 있다는 계산이 이미 그의 머릿속에 있었습니다.

그리고 게임으로 그치는 것이 아닌 혈맹 커뮤니티를 형성하는 방식을 취하면 게이머들의 적극적인 참여를 유도할 수 있다는 확신도 있었습니다.

그의 이런 예상은 적중했습니다. 게임 리니지가 온라인에서 굳건히 뿌리를 내린 것입니다.

미국산, 일본산 게임을 앞지르면서 리니지에 매혹된 게이머들이 늘기 시작했습니다.

그래서 2004년 리니지의 매출은 욘사마와 보아를 합쳐도 리니지만 못했고, 우리나라 음반산업의 2.4배에 이르는 실적을 기록했습니다. 그러나 그는 여기서 멈추지 않았습니다. 게이머들의 다양한 요구에 맞는 에피소드들을 주기적으로 출시했고, 합리적인 지불 시스템을 제공하는 등 게임을 지속하기에 좋은 여건을 제공했습니다.

김택진 사장은 우수 개발자 확보를 위해서라면 돈을 아끼지 않는 것으로 유명합니다. 뛰어난 인재를 위해서라면 수백억 원의 돈도 아깝지 않게 투자할 정도로 인력을 중요하게 생각했던 것이지요. 벤처 기업의 핵심은 인력입니다. 김택진 사장은 이런 인재들을 알아보는 정확한 판별력과 경험을 바탕으로 한 콘텐츠에 대한 확신, 시대의 흐름을 읽어 내는 눈을 갖추고 있는 인물입니다.

벤처 신화의 상징답게 그는 또 다른 모험을 준비중입니다. 〈리니지2〉에 이어 야심차게 준비해 온 새로운 전략온라인게임 〈길드워〉로 북미 지역을 포함한 유럽을 공략할 예정입니다. 벤처, 그 이름 안에는 무한한 가능성과 불굴의 의지가 숨어 있기에 사람들은 그 매력에서 쉽게 눈을 떼지 못하는가 봅니다.

기동력, 조직 관리, 결단력을 갖춘 리더 -
팬택앤큐리텔 박병엽 부회장

사업을 시작하는데 있어 가장 중요한 것이 자본력이겠지만 그게 마땅찮을 때는 무엇을 무기로 삼을 수 있을까요?

자본주의 사회에서 자본에 맞설 수 있는 것은 개인의 능력밖에 없습니다. 자신을 낮추면서도 카리스마를 잃지 않는 조직 관리 능력, 미련을 남기지 않는 결단력, 터보 엔진을 갖춘 추진력으로 뚝심 있게 일을 추진해 나간다면 자본의 열쇠를 어느 정도 상쇄해 나갈 수 있음에 틀림없습니다.

그것을 증명해 보인 이가 바로 팬택앤큐리텔의 박병엽 부회장입니다. 평범한 마케팅 직원이던 그가 현재의 자리에서 빛을 발하기까지 어떠한 역경을 겪었는지는 말하지 않아도 짐작이 갑니다.

평범한 마케팅 직원이었던 그는 입사 4년 만에 무선 호출기 사업을 하기 위해 회사를 박차고 나왔습니다. 그리고 10평짜리 아파트를 팔아 마련한 신월동에 마런한 작은 사무실. 그것이 팬택의 시작이었습니다. 6명의 직원을 데리고 무선호출기 사업에 뛰어든 지 1년 만에 28억 원의 매출을 올렸고, 1997년에는 매출액이 762억 원에 이르렀습니다.

상상하기 힘든 결과였습니다. 누구는 단지 운이 좋아서일 뿐이라고 말했지만, 그것은 분명 사업가적인 수완과 공격적인 사업 진행, 예리한 선견지명이 바탕이 되었던 결과였습니다.

그러던 중 그는 잘 나가던 무선호출기 사업을 돌연 정리하고 1997년부터 휴대폰을 제조하기 시작했습니다. LG의 OEM 제품을 생산하기 시작한 것입니다. 누구나 의아해 고개를 갸우뚱하고 얼마 지나지 않아 그의 예상이 적중했음이 드러났습니다.

일명 삐삐로 불리던 호출기가 1990년대 말부터 자취를 감추면서 바야흐로 휴대폰 시대가 도래한 것입니다. 그는 1988년 모토로라의 투자를 이끌어 냈고 팬택은 2000년에 2,871억 원의 매출을 기록했습니다.

박병엽 부회장은 사람 욕심이 유별나기로 소문나 있습니다. 원하는 인물은 반드시 자신의 사람으로 만

들어야 직성이 풀리는데, 그런 성격이 오늘날의 팬택 앤큐리텔을 가능하게 했다고 해도 과언이 아닙니다. LG정보통신의 박정대 단말기 사업본부장과 삼성전자의 애니콜 개발의 주역인 이성규 이동통신 단말기 개발팀장을 삼고초려 끝에 영입한 것도 그런 예입니다. 박병엽 부회장은 소탈하고 겸손한 사람으로도 유명합니다. 포장마차를 즐겨 찾고 자신보다 나이가 많은 임직원들에게는 형님이나 선배님이라는 호칭을 쓸 정도입니다. 자신을 회장이라고 하지 않고 부회장이라고 하는 것도 이런 겸손에서 비롯된 것입니다.

이런 인간적인 면모 때문에 대기업을 뒤로 하고 그에게 오는 인재들이 많다는 평가도 있습니다. 팬택보다 훨씬 큰 현대 큐리텔을 인수할 때도 그는 전직원을 고용 승계했고 오히려 급여를 30%나 인상했습니다. 그에게 사람이 따르는 것은 어찌 보면 당연한 일입니다.

회사를 그만둔 뒤 사업을 시작하고, 무선호출기를 하루아침에 버리더니 휴대폰 사업에 뛰어든 것처럼 박병호 부회장에겐 과감한 결단력이 있습니다. 팬택

앤큐리텔이 미국 등지로 수출을 하면서 해외 시장에서 주가를 높일 즈음, 그는 이제 국내 시장에 뛰어들 필요가 있음을 절감했습니다.

이미 대기업에 의해 시장이 양분되고 있었기에 그 틈바구니를 비집고 들어서는게 쉽지 않으리라는 건 누구나 추측할 수 있는 일이었습니다. 그러나 그는 뒤도 돌아보지 않고 2002년에 국내 시장으로 뛰어 들었습니다. 그는 누구도 생각하지 못했던 아이디어를 갖고 있었던 것입니다.

늘상 가지고 다니는 휴대폰에 카메라를 부착하자는 것이었지요. 그리고 이제 막 개발 단계에 있는 카메라폰에 눈을 돌려 100만 화소 이상의 제품 개발에 주력했습니다. 그리고 대기업보다 앞서 새로운 기능성 모델을 선보임으로 주목을 받기 시작한 것입니다.

그 결과 대기업의 장악으로 인해 마케팅을 해도 헛수고라던 주위의 우려를 불식시키면서 15% 이상의 시장 점유율을 기록, 내수시장에 안착할 수 있었습니다. 월세 사무실에서 출발한 팬택은 이렇게 10여 년 만에 중견 그룹의 반열에 오르게 된 것입니다.

박병엽 부회장은 일류대 출신도 아니고, 정보 통신 분야에서 전문적인 지식을 갖춘 인물도 아닙니다.

그러나 그는 명실공히 오늘날 한국 정보통신 분야의 중요 인사입니다.

그가 이같은 성공을 이끌 수 있었던 것은 **필요한 인재를 끌어오는 인재 경영, 단 하루 만에 이루어지는 빠른 의사 결정, 계열 전체를 아우르는 일사불란한 조직 관리와 대외 홍보**가 있었기 때문입니다.

박병엽 부회장의 뚝심과 저돌적인 경영은 앞으로도 계속될 것으로 보입니다. 단호한 결단과 인재 경영, 이런 면 때문에 그를 '현대판 영웅시대' 에 비유하는 지도 모릅니다.

지금 팬택호는 2004년 11월 제41회 무역의 날 '5억 불 수출의 탑' 을 2005년 현재 세계 최초로 6축센서 동작인식 스포츠 레저폰 PH-S6500을 출시해 힘찬 미래를 열어가고 있습니다.

목에 칼이 들어와도 정도(正道)를 지킨다 -
금호아시아나 그룹 박인천 회장

'길이 아니면 가지를 말고, 말이 아니면 하지를 말며, 예가 아니면 행하지 말라' 고 했습니다. 그런 사람을 보면서 누구는 융통성이 없다고 투덜거릴지 모르지만, 비리와 부정이 판을 치는 현대 사회에서 '정도(正道)' 는 고스란히 미덕으로 남습니다.

정의와 선이 갖는 위력과 종내 가져올 결과가 어떠할지는 금호아시아나 그룹을 보면 알게 될 것입니다.

효율성을 중시하는 경영 풍토를 강화하는 한편 새로운 성장을 모색해 나아갔던 고 박인천 회장. 그는 철학을 갖고 있는 경영인으로서 오랫동안 존경받을 것입니다.

광주의 작은 택시 회사로 출발한 금호아시아나 그룹은 2005년 현재 타이어 제조에서 항공, 운수, 건설, 석유화학, 정보통신, 금융 등의 다각적인 사업을 전개하는 기업으로 성장했습니다.

이런 성장은 고 박인천 명예회장의 정신을 바탕으

로 하고 있다고 해도 과언이 아닙니다. 일제하의 혹독한 가난 속에 성장했던 박인천 회장은 공무원에서 사업가로 변신한 경우입니다. 기업을 통한 민족구원이라는 신념과 **'공익우선, 정도경영, 종업원 이웃과 함께하는 기업'** 이라는 기업 이념은 사업을 시작하기 전부터 그의 머릿속에 뿌리 박혀 있었습니다.

즉, 자신이 돈을 버는 목적은 국가를 위해서, 피폐한 민족의 소생을 위해서, 이웃과 나누기 위해서라는 경영 철학을 갖고 있었던 것입니다.

박인천 회장의 사업은 단순하고도 명료했습니다. 모기업을 중심으로 사업 다각화를 꾀어 온 정도 경영이었지요. 타이어 사업을 중심으로 성장한 제조업이 합성고무, 화학공업, 윤활유 사업으로 다각화되었지만 이들 모두 운수업과 직접 연관된 것이었고, 조국 근대화의 동맥인 고속도로를 질주하던 금호그룹이 이제 아시아나항공이라는 색동 날개를 달고 지구촌을 나는 세계비전을 갖게 된 것 또한 정도 경영의 결과라고 할 수 있습니다.

박인천 회장은 실패에 이골이 난 경영자입니다. 면

화수집상, 잡화상, 방목업, 대금업 등의 사업을 연이어 실패했고, 삼양타이어는 원료난과 자금난으로 폐업할 위기에서 간신히 재기할 수 있었습니다.

여순반란사건, 6.25, 두 번에 걸친 유류 파동, 타 지역의 반발 및 정부의 규제, 행정 규제 등 실패의 요소들을 도처에 널려 있었습니다. 그러나 그때마다 박인천 회장은 정도와 신의로써 결단력 있게 대처함으로써 오늘의 금호그룹을 만들 수 있었습니다.

특히 1980년대 1, 2차 석유파동은 타이어, 철강, 해외 건설 등에 타격을 입히며 기업 존립의 위기를 가져왔습니다.

그러나 박인천 회장은 금호산업을 금호실업에 흡수시키고, 전자 부문에서 과감히 철수하는 등 강력한 구조조정을 통해 위기 상황에서 어떻게 대처해야 하는지를 잘 보여 주었습니다.

이런 구조조정은 박인천 회장 사후에도 이어졌습니다. 뒤이어 취임한 박성용 회장은 금호섬유를 매각하고, 금호화학과 한국합성고무를 합병하여 금호석유화학으로 재출범하였습니다. 그리고 철강부문의 매각을 단행하였고, 생산과 수출이 분리되었던 삼양타이어와 금호실업을 통합하여 ㈜금호로 상호변경하였으며, 광주고속은 금호건설을 흡수하여 사업부 체제로 전환했습니다.

또한 1985년에는 금호섬유를 매각하고, 금호화학과 한국합성고무를 합병하여 금호석유화학으로 재출범합니다.

이것이 효율성을 중시하는 경영 풍토를 강화하는 한편 새로운 성장을 모색하는 노력을 기울이는 박인천식 해결 방법인 것입니다.

금호아시아나가 항공업에 뛰어듦으로써 택시 두 대로 시작한 운수업은 50년 만에 항공까지 장악하게 되었습니다.

1973년 금호그룹 회장에 공식 취임한 박인천 회장은 그해 신년사에서 **"기업은 그 존립 기반인 국가 경제에 공헌할 때 비로소 그 책임을 다한다"**고 강조했습니다.

21세기 초일류 기업으로서 세계일류의 가치 창출, 종업원과 함께 가꾸는 기업, 이웃으로부터 사랑받는

기업 실현을 위하여 '미래 가치를 창조하는 열린 공동
체로서의 금호문화 창달'을 지향하고 있습니다. 금호
아시아나 그룹이 표방하고 있는 '세계 지향', '신뢰
조화', '혁신주의', '정도 추구', '인간 존중의 경영'
등의 기본 방향 또한 박인천의 경제 철학과 기업가 정
신을 발전적으로 계승하여 확산시켜 가고 있는 실증
인 것입니다.

- 비전은 성공의 중요한 덕목으로 '목적의식' 이란 말로
  대신할 수 있으며, 역경과 고통을 녹이는 빛이며 의욕을
  실어 나르는 동맥이다.
- 산업에 있어 절대 강자는 없다.
- 인재만을 채용하고, 그 인재를 교육시켜 더 큰 효율을
  낼 수 있다.
- 21세기는 1명의 리더가 1만 명을 먹여 살리는 인재경영시대다.
- 미래에 대한 청사진과 꿈이 없는 기업은 이미 도태한 것이다.

벤처신화는 끝났다

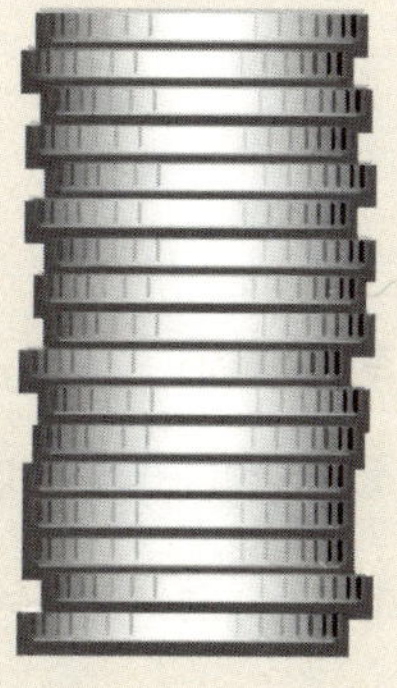

"도약이냐, 도태냐?

오늘날 한국의 디지털 콘텐츠

기업들은 변화의 기로에 서 있다"

한때 우리에게 희망이던 벤처 기업, 이제 거품이 사라지고 맨몸뚱이 하나만 남은 벤처 기업의 현주소를 알아보고 우리에게 시사하는 바는 무엇인지 살펴봄으로써 미래를 전망해 보자.

2000년 새롬기술의 벤처 주식 시가 총액이 현대자동차의 시가총액을 잠시 뛰어넘은 적이 있다. 그러나 이런 폭발적인 벤처의 자본 편중화 현상은 그리 오래 가지 못했다. 벤처야말로 '재벌 기업의 대안' 이라고까지 불리기도 했지만, 5년이 지난 지금 그런 말들이 무색할 지경이다.

한국의 벤처 산업은 2000년 초를 전후로 명함을 달리하고 있다. '벤처'는 이름 그대로 위험한 사업이라는 것이 여실히 입증되고 있는 셈이다.

2005년 현재, 많은 경제 전문가들은, 한국의 디지털 콘텐츠 기업들이 변화의 기로에 서 있다고 지적하고 있다. 그동안 찬란하게 빛났던 스타 기업들이 명멸하는 것을 지켜봤기에 이제는 보다 안정성을 바탕으로 한 벤처의 등장이 절실해진 것이다.

국내 벤처산업의 전반적인 분위기와는 별도로 최근 디지털 콘텐츠들은 각광을 받고 있다. 높은 수익률은 물론 방대한 조직까지 갖추는 분위기입니다.

디지털 콘텐츠 기업의 형태를 두고 경제 전문가들은 산업의 기로에 서 있다고 지적하고 있다. 국내 시장과 아시아 시장에 만족하는 것이 아닌, 세계 시장을 노크해야 하는 시기에 와 있다는 것입니다.

이 시점에서 안주하거나 잘못된 선택을 하면, 앞서 쇠락한 벤처기업들의 전철을 밟게 될지도 모르는 일입니다.

포털 사이트를 운영하고 있는 포털 업체에서도 기

업으로의 변화를 모색해야 한다. 국내 시장 및 아시아 시장에서의 성공 신화를 일군 온라인 게임 업체는 이제 그 무대를 전 세계로 넓힐 시점에 도달했다. 그야말로 도약이냐, 도태냐의 갈림길에 와 있는 것입니다.

대기업처럼 신뢰감 있는 이미지를 주지는 못하지만, 늘 새로운 것으로 한 발 빨리 유저들과 소비자들의 시선을 나꿔채야 한다는 것이 이들의 최대 과제인 셈이다. 그러기 위해서 반드시 필요한 것이 인재들의 등용입니다.

엔씨소프트, NHN, 네오위즈, 액토즈소프트 등은 우수 인력을 놓치지 않기 위해 정규 채용이 아닌 상시 채용 제도를 도입하고 있다. 또한 언제 어디서나 자유롭게 일할 수 있도록 재택 근무와 자유계약 등을 제시하며, 회사에 대한 책임감과 공동체 의식을 위해 스톡옵션 등의 경제적인 유인책까지 내세우고 있다. 그만큼

발 빠르고 파격적인 대우라야, 최고의 정보와 기술을 얻을 수 있기 때문이다.

연말에 가족 동반 행사와 두툼한 인센티브를 지급하는 회사도 있을 정도니, 벤처기업의 인적 자산이 어느 정도의 가치를 갖는지는 두말할 필요도 없다.

최근 벤처기업들은 해외 전문가 확보에도 심혈을 기울이고 있다. 언어에 능통하고 그 지역 문화를 잘 파악하고 있으며 비즈니스 능력까지 겸비한 사람들이 절실한 형편이다.

이런 인력을 확보하는 것이 사업의 성공적인 열쇠이다 보니, 현지인을 고용하는 추세도 늘어나고 있으며, 아예 국내 근무자라도 외국인에게 입사의 기회를 균등하게 허락하는 기업들도 증가하는 추세이다.

미래에 대한 청사진과 꿈이 없는 기업은 이미 도태하고 있는 것이라고 받아들이는 게 벤처기업들이 느끼는 속도감이다. 쉴 새 없이 기호가 바뀌고 새로운 소비자들이 영입되는 디지털 시장에서는 기대 속도보다 빨라야 살아남을 수 있다. 벤처기업의 딜레마는 끊임없이 자기를 버리면서 새로운 것을 만들어 내야 한다는 것이다.

더불어 경제 전문가들은 벤처기업들에게 유연한 자세를 취할 것을 권하고 있다. 합병 등이 반드시 나쁜 결과를 가져올 것이라는 법은 없다.

컴팩과 휴렛팩커드의 합병에서 얻은 결론은 벤처기업들의 좋은 예가 될 수도 있다.

벤처기업에도 빈익빈 부익부 현상은 존재한다. 벤처는 이름만큼이나 장기적인 계획을 세우기가 어렵다. 바로 이러한 점들 때문에 벤처기업들은 하루라도 빨리 안정화에 접어들기를 꾀하는 것이다.

대기업의 경우 사원들의 교육에 적극적이지만, 벤처의 경우는 직원이 언제 어느 기업으로 이동할지 모르기 때문에 직원들에게 투자하기가 어렵다. 이렇다 보니 우수 인력 확보가 상대적으로 용이한 상위권 기업과의 격차가 더욱 벌어지는 것이다.

또한 임금이나 조건의 괴리도 커질 수밖에 없다. 때문에 벤처기업들은 직원 교육 및 훈련에 대한 지원을 전혀 하지 않는 것으로 나타났다.

올해에만 400여 명의 인력을 충원해 총 1천200명이

넘는 인력을 보유한 '엔씨소프트'는 국내 디지털 콘
텐츠 기업 중 가장 큰 규모로 성장했다.

유닛(Unit)별로 기업 조직의 전문성을 강화시킨 게
특징이지요. 〈리니지〉, 〈리니지2〉, 〈길드워〉, 〈시티
오브히어로〉 등 각 게임에 따라 조직을 구성했으며,
기업 안과 밖의 커뮤니케이션을 위한 CRC(Corporate
Relation Center)를 설치했다.

미국, 중국에도 게임 개발 스튜디오를 설립하여 운
영하고 있는 엔씨소프트는 1997년 불과 20여 명의 멤
버로 시작한 진짜 벤처였다.

인터넷 포털 '다음'은 벤처가 아닌 기업으로서 자
리매김하기 위해 분주한 한해를 보냈다.

일본을 해외시장의 교두보로 삼는다는 목표로 일본
인터넷 커뮤니티 포털 비즈니스 시장에 본격 진출한
것이다.

인터텟 포털 사이트를 비롯한 디지털 상품들은
2005년 일본에서 환영받을 가능성이 큰 것으로 평가
하고 있다.

한류의 열풍이 드세고, 문화에 대한 열망도 높아져

있기 때문이다.

성장을 통해 기업 규모가 커지면 대개는 주식회사를 표방하고 나선다. 개인 기업은 무한책임으로 감당해야 할 투자가 부담스럽고 상속에 따른 세금 부담도 크기 때문이다.

주식회사에서 대주주가 경영자를 겸업하는 형태는 기업 초기에 발견되는 전형적인 모습이다. 처음에는 대주주가 창업자이고 그 업종에 밝기 때문에 경영을 잘 꾸려 나간다. 그러나 사업이 다양해지고 복잡해지면 전문인에게 맡기는 편이 더욱 이익이라는 것을 알게 된다. '전문 경영인'이 필요해지는 시점인 것이다.

이때 전문경영인은 자신이 적합한 전문인이라는 것을 보여 줘야 한다. 매출액과 시장 점유율이 성장하는 것은 이를 나타낼 수 있는 좋은 수단이다. 그러나 이 성장 게임은 거의 반드시 투자 증설을 불러오고 현재의 수익을 희생시킬 수밖에 없다.

주주가 가져가야 할 몫의 상당 부분이 재투자되고, 투자 직후에는 감가상각 부담 때문에 경영 상태가 악화되기 마련이다.

주주는 이런 성장 일변도의 경영자를 좋아하지 않다. 그래서 일단 규모가 커지면 다시 경영자를 바꾸려고 할 것이다.

크게 벌이기 좋아하는 경영자가 시작해 놓은 사업을 수습하고 제대로 챙길 수 있는 관리형 경영자가 선호되는 것이다. 하지만 신기술이 도입되고 시장 상황이 급변하면 다시 성장을 그리워하는 게 사람의 마음이다. 이렇듯 성장이냐 내실이냐에 대한 기업의 '우선 가치'는 기업 혹은 시대적 상황에 따라 돌고 돌게 마련이다.

제 5 장

노블레스 오블리주

"권리를 행사하는 만큼

자신의 위치에서 의무를 다하라"

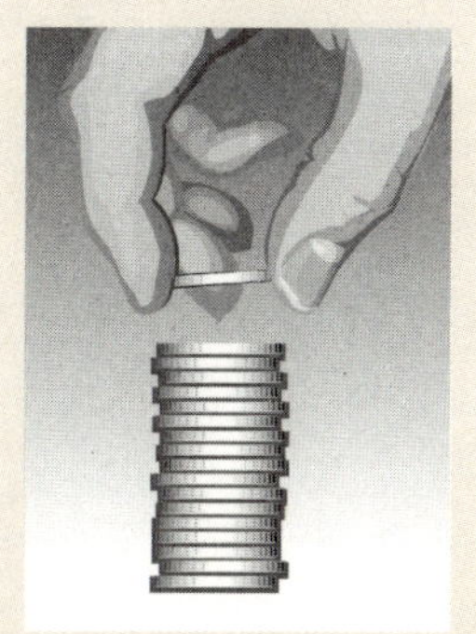

노블레스 오블리주

(Nobless Oblige). 이것은 권리와 의무에서 시작된 말로, '권리를 행사하는 만큼(노블레스) 자신의 위치에서 의무를 다하라(오블리제)' 는 의미입니다.

즉, 사회 지도층이 자신이 얻은 것을 사회에 환원하는 것과 그들의 도덕적 의무를 말하는 것이지요. 노블레스 오블리주가 이루어질 때 부의 편중이 사라지고 공존과 평화가 지켜질 수 있습니다.

그렇다면 내가 부자의 목표를 이뤄 그들의 자리에 섰을 때 과연 노블레스 오블리주를 실천할 수 있을까요? 지금은 확언하고 있지만 막상은 욕심을 내세우지는 않을까요? 현재의 신념과 사고방식을 확고히 한다면 보다 멋진, 진정한 부자로서 존경받게 되리라는 것을 우리는 알고 있습니다. 그러기 위해서는 우리 사회에서 부자들이 이익을 사회에 환원함으로써 존경받고 있는 모습을 살펴볼 필요가 있습니다.

그들의 모습이 또한 우리의 모델이 되기 때문입니다. 우리가 부자가 되고 싶어하는 궁극의 목표 중 한 가지는 노블레스 오블리주를 실천하고 싶은 욕구에서 비롯되고 있음을 인식할 필요가 있습니다.

기업의 기부문화

빌 게이츠는 얼마 전 두 자녀들에게 각각 1천만 달러의 재산을 남기고 나머지는 사회에 환원하겠다고 밝혔습니다. 1천만 달러라는 액수는 물론 엄청난 액수임에 분명하지만, 빌 게이츠가 보유한 재산이 500억 달러에 이른다는 것을 생각해 볼 때 유산치고는 참으로 소박한 편이라고 할 수 있습니다.

미국의 이러한 기부문화는 일부 기업인들에게 국한되는 것은 아닙니다. 언제나 자선 행사에 앞장서는 오프라 윈프리와 수입의 3분의 1을 기부한다는 안젤리나 졸리를 보십시오.

일단 유명인사가 되고 많은 돈을 벌게 되면 당연히 사회에 환원해야 한다는 것이 미국인들의 사고입니다. 대부분의 기업인들과 부동산 재벌, 연예인들까지 보이지 않는 자선을 실천하고 있다고 합니다.

반면 한국의 기부문화의 양상은 어떠한가요? 대한전선의 설원량 회장의 유산에 대해 상속세로 1천355억 원을 자진 납부한 사실이 알려져 화제가 된 적이 있습니다. 상속세를 정확히 계산해서 낸 것 뿐인데도 뉴스에 여러 차례 보도되었으며, 이 사실이 알려지자 대한전선의 증시가 20% 이상 뛰어올랐습니다. 이는 한국 사회가 얼마나 노블레스 오블리주를 갈망하고 있는지를 알려 주는 단적인 예라고 할 수 있습니다.

이와 비슷한 예가 또 있습니다. 동원 그룹의 김재철 회장이 자식에게 재산을 물려주면서 62억 원의 세금을 자진 신고했을 때 동원 참치캔의 판매량이 눈에 띄게 증가하는 진풍경이 벌어지기도 했습니다.

세금에 대해서도 몸을 사리는 한국의 기업인들에게 과감한 기부문화를 찾아보기란 어려운 일입니다. 대기업의 기부는 매년 증가하고 있지만, 아직은 기업 마케팅에 반영하는 수준 정도 입니다. 그러나 최근 새로운 흐름이 감지되고 있습니다.

바로 삼성의 이건희 회장이 '나눔과 상생' 에 대해 설파하며 기부에 대한 적극적인 의지를 표명하고 나선 것입니다. 삼성의 기부는 단순한 불우이웃돕기나 사회 환원 차원을 넘어 초일류기업을 지향하면서 나온 또 다른 경영 화두입니다.

'고객과 사회로부터 진정어린 신뢰와 존경을 받는 기업' 이 되기 위한 과정에서 기업의 기부 활동이 필수적이라는 것을 알기 때문에 필연적으로 내놓은 방침인 것으로 보입니다.

삼성은 웬만한 중견기업의 연간 매출액에 버금가는 4천억 원을 불우이웃 돕기를 비롯한 사회 공헌 활동에 투입하겠다고 발표했습니다. 그에 대한 효과는 즉각

적이었습니다. 사회 기여도가 높은 인물을 묻는 설문
조사에서 이건희 삼성 회장이 현대의 고 정주영 회장
과 유한양행의 고 유일한 박사를 제치고 1위에 오른
것입니다.

존슨 앤 존슨사는 1943년부터 펼친 윤리 경영과 많
은 자선사업으로 미국에서 존경을 받고 있는 기업입
니다. 1982년 이 회사의 제품에서 독성 물질이 함유되
었다는 것이 밝혀졌을 때, 이 기업은 존폐의 위기에 놓
이게 되었습니다. 아기들을 대상으로 하는 제품이었
기에 충격의 파장은 더 클 수밖에 없었지요. 그러나
회사가 수십 년간 쌓아 온 신뢰가 있었기에 최악의 상
황과 혼란을 방지할 수 있었습니다. 기업은 스스로 제
품을 전량 회수해 폐기했고, 다시 한번 소비자들의 신
뢰를 얻었던 것입니다.

사회적인 공헌도가 큰 기업에 대해 소비자가 신뢰
를 갖게 되는 것은 당연합니다. 생색만 내는 자선이
아니라 기업의 윤리가 바탕이 된 진정한 실천은 위급
한 상황에서도 소비자들의 마음을 확고히 잡을 수 있
는 확실한 마케팅인 셈입니다.

대한상공회의소의 조사에 따르면 우리나라 국민들의 반기업 정서가 세계 1위라고 합니다. 구체적인 조사들은 더욱 충격적입니다. 응답자의 절반 이상이 대기업을 부정적으로 보고 있으며 아주 좋다는 의견은 3%에 불과했습니다.

서민들이 꼬박꼬박 혈세를 내는 동안 대기업은 각종 편법을 사용하여 세금 포탈을 일삼고, 일부러 부도를 내거나 부와 경영권을 세습하는 족벌주의와 탈법을 자행하고 있다고 생각하고 있었습니다. 이런 의식은 일반 국민과 기업 사이의 거리감을 더욱 넓히는 것입니다.

이런 부정적인 시선은 마음에서 우러나오는 기업의 자선 활동으로 해결할 수 있습니다. 상품에 대한 신뢰와 호감도 이렇게 해서 발생하게 됩니다.

> 현재 한국 사회는 그 어느 때보다
> 노블레스 오블리주를 원하고 있다.

기업을 홍보하고 싶다면 생색내기의 자선이 아닌

진정한 자선의 실천을 보여야 할 것입니다. 거짓말은 잠시 효과를 보일 수도 있지만 결국 진실은 밝혀지게 마련이고, 진실이 밝혀진 뒤에는 부끄러움과 참담함이 남을 뿐입니다.

삼성경제연구원의 연구에 따르면, 미국의 경우 사회적 공헌 활동의 동기가 자발적인 데 반해 한국 기업들은 세금 감면의 일환으로 벌어지는 준 조세적 동기에서 출발하고 있다고 합니다. 그래서 미국은 기업의 신뢰를 높이고 사회 전체의 이익을 증대시키는 결과를 낳지만, 한국에서는 기업인의 생색내기 혹은 이미지 개선을 계산에 두고 진행된다는 것입니다.

미국의 기업들은 자선과 사회 활동을 위한 전담 부서를 마련하고 대책을 세우고 있으니, 한국은 이와 같은 역할을 회장 비서실이나 홍보실에서 일회적으로 담당하고 있는 형편입니다. 물론 수혜 대상자를 직접 찾아다니는 일은 없으며, 외부 사회단체들에 떠넘기는 관행이 팽배해 있다고 합니다.

부자가 되면 그렇지 못한 이들에게 베푸는 것은 당연한 일입니다. 해도 되고 안해도 되는 것이 아니라 기부는 사회적인 책임이며 반드시 실천해야 할 과제인 것입니다. 많은 기업들이 하루빨리 이 같은 의식에 동참해 나눔과 실천의 이상을 실현하는 사회의 분위기를 조성해야 할 것입니다. 그것이 오늘날 한국 기업의 당면 과제 중 하나입니다.

한국의 기부문화

한국의 부와 권력의 메카인 강남에는 수십 억을 호가하는 빌라와 값비싼 수입가구들, 고가의 명차들을 몰고 다니는 부자들이 모여 살고 있습니다. 부동산 투기의 진원지였던 이곳은 소비의 중심지이자 사교육 1번지이기도 합니다. 이런 지역의 명성에 맞게 이 지역에 거주하고 있는 이들 또한 사회적으로 존경받는 고위 공직자들과 기업의 임원 등 고수익자들이 몰려 살고 있습니다. 이렇게 강남 지역에 대해 장황하게 설명하는 이유는 한 조사 결과 때문입니다.

2004년 12월 한 달 동안 사회복지공동모금회가 〈희망 2004 이웃 돕기 캠페인〉이라는 이름으로 거둔 성금을 접수한 결과 가장 많은 성금을 낸 곳은 서울 성북구(2억8천700만 원)였습니다. 이어 동작구(2억1천300만 원), 도봉구(1억9천200만 원)가 그 뒤를 이었습니다. 이에 비해 강남구(1억6천700만 원)와 송파구(1억6천300만 원)는 6위와 7위 그리고 서초구는 성북구의 10%에도 못 미치는 액수(2천400만 원)을 성금으로 낸 것으로 알려졌습니다.

서울의 강남은 서울 국회의원의 37%(2002년 말 기준), 고위 공직자 중 39% 거주하고 있는 것으로 조사되었습니다. 또 지난해 9월 말 국감 자료에 따르면 건교부 과천 청사에 근무하는 과장급 이상 간부 88명 중 43%인 38명이 강남구, 서초구, 송파구에 살고 있었고 서울시 3급 이상의 공무원 간부들 역시 10명 중 4명은 강남에 살고 있다고 합니다. 대기업 임원의 강남 거주 비율 역시 이와 비슷한 양상이었습니다. 가히 이 지역의 기부 실적이 무색할 정도입니다.

복지 단체의 관계자들은 입을 모아 부자 동네에서 성금을 걷을 때의 어려움을 토로하고 있습니다.

서울의 강남은 존경받는 사람들이 모여 있는 부촌

이라고 하기엔 모자란 감이 있습니다.

급속한 산업 발전에 따른 개발과 투기로 인해 형성된 신흥부자들이라는 멍에를 벗기 위해선 윤리 의식의 발현에 따른 기부문화의 실천이 이루어져야 할 것입니다.

개인 이기주의, 가족 안일주의에 놓인 강남이 귀족 문화의 외피를 갖추었음에도 인정받지 못하는 것도 이런 이유 때문입니다.

오블리주가 앞서는 노블레스를 만들기 위해서는 교육을 통한 의식의 개선이 필요합니다.

군을 면제받기 위해 편법을 동원하고, 원정 출산으로 시민권을 따고, 어린아이에게도 수십억의 유산을 상속하는 오늘날의 현실에서 사회적으로 소외된 약자에 대한 배려나 공동체 의식, 봉사와 희생정신을 기대하기란 점점 더 어려워지고 있는 형편입니다.

자연스럽게 조기 유학을 떠나고 당연하다는 듯 이중 국적을 소유하고 있는 이들에게 공익과 사회적 의무를 설명하기가 어렵기 때문입니다.

우리나라의 만석군들은 흉년이 들면 곳간을 열고 마을 사람들에게 먹을 것을 나누어 주었습니다. 가진 재산도 많지만 더불어 학문적인 소양이 높고 덕이 있는 양반의 존재는 존경의 대상이기도 했습니다.

고래등 같은 기와집에 옥가락지와 노리개, 비단 옷과 금침만 챙길 것이 아니라, 만석군의 배포와 함께 부끄러움을 아는 윤리적 교양도 갖추어야 할 필요가 있지 않을까요?

물론 연말에 '릴리이 기부'를 하는 한국의 부자들도 많이 있으며, 언론에 노출되지 않아서 그렇지 숨어서 선행을 베푸는 이들도 많이 있을 것입니다.

일반 시민들은 천 개의 눈을 가지고 있습니다. '착한 놈 떡 하나 주기'를 실천하기 위해 기업인을, 정치가를 살피기 시작할 것입니다.

그리고 사회에 크게 기여하는 기업을 향해 박수 칠 준비를 하고 있습니다.

아낌없이 주는 부자들

얼마 전 70대 노부부가 서울대 병원에 88억대의 주식을 기부해서 뉴스가 된 적이 있습니다. 노부부는 수년 전 서울대병원에서 위암과 폐암을 조기 발견해 수술을 받고 건강을 되찾은 데 대한 감사의 마음을 여러 사람들과 나누고 싶다고 밝혔습니다.

병원측이 기부 사실을 언론에 알리려고 하자 이들 부부는 이를 극구 말렸다고 합니다. 부부가 기증한 돈은 일확천금으로 얻은 돈이 아니요, 50여 년간 직장 생활을 하면서 재테크로 모은 돈이라고 했습니다.

꼭 필요한 곳이 아니면 돈을 쓰지 않는 검소한 생활을 해 왔기에 모을 수 있었던 소중한 돈이지요.

이 미담이 더욱 따뜻하게 다가오는 것은 이 거액을 기부하는 현장에 마흔 전후의 두 아들이 함께 했다는 것 때문이었습니다.

부자의 역할에 대한 중요성이 부각되고 있습니다. 자신을 위해서만 소비하고 의무를 이행하지 않는 부자들은 비난받게 되지만, 남을 위해 아깝지 않게 내어 주는 이들은 재산보다 값진 존경을 받게 됩니다.

자선연구가 월드메이어 닐슨은 〈미국 자선주의의 숨은 이야기 : 기부문화의 드라마〉에서 자선의 10계 명을 밝히고 있습니다.

1. 하루라도 빨리 시작하라. 임종 직전의 자선은 최악이다.

2. 자선은 단순히 돈을 기부하는 게 아니라 자신의 에너지,

   아이디어, 리더십까지 온전히 내놓는 것이다.

3. 자신의 성향과 관심에 맞는 기관이나 기구를 찾아 기부하라.

4. 가족의 유대를 강화시키기 위해 가족 재단을 만들지 말라.

   그것은 오히려 가족을 분열시키는 역할을 할지도 모른다.

5. 가족의 이름을 영원히 남기기 위해 재단 창설을 하지 말라.

   재단보다는 교회, 병원, 박물관, 도서관, 연구소에 가족이

   남길 수 있는 기부를 하는 게 좋다.

6. 재단 이사회 구성에 친구나 회사 임원 등을 편의적으로

   임명하지 말라.

7. 재단 창설이 능사가 아니다. 새 재단이 왜 필요한가 곰곰이

   생각하라.

이 자선의 10계명은 단지 돈을 주는 것이 중요한 게 아니라, 자선의 가치가 진정성으로부터 비롯된다는 것을 강조하고 있습니다.

누군가 대리인을 시켜 던져 놓고 마는 것이 아니라 적극적으로 개입하고 더 좋은 기부 환경을 만들어야 한다는 것을 의미합니다. 단지 적선이나, 개인의 기분에 따라 자선을 베푸는 것은 받아들이는 입장에서 모욕이 될 수 있기 때문입니다.

얼마 전 안젤리나 졸리는 "저명인사들이 돈을 과시하듯이 가난한 사람들을 돕겠다고 약속하는 것은 오히려 상처만 더 줄 수 있다"고 비난했습니다. 수단과 시에라리온 등 인권 위기에 처한 국가들에 관심을 기울이고 자선 활동을 벌여 온 그녀로는 액수가 아무리 많더라도 마음에서 비롯된 것이 아닐 때는 진정한 자선이 아니라고 판단했기 때문입니다.

- 노블레스 오블리주가 제대로 이루어질 때 부의 편중이 사라지고 공존과 평화가 지켜질 수 있다.
- 부자가 이익을 사회에 환원함으로써 존경받게 된다. 이는 부자가 되고 싶어하는 또 하나의 이유로 노블레스 오블리주를 실천하고 싶은 욕구에서 비롯된다.
- '고객과 사회로부터 진정어린 신뢰와 존경을 받는 기업' 이 되기 위한 과정에서 기업의 기부 활동은 필수적이다.
- 시대를 주도하는 리더로서 진정한 부자의 모습은 노블레스 오블리주를 실천하는 데서 비롯된다.

한국의 경제 전망

"2005년도에는

3%의 성장율을 예상하고 있다"

이 책을 집필하기 위해 각계각층에서 바라본 2005년 한국의 경제 전망을 조사했다. 이러한 정보는 인터넷이나 신문, 경제 보고서를 통해 널려 있지만 이 정보를 어떻게 통합하여 분석하느냐에 따라 저마다 다른 의미를 가질 것입니다. 과연 이 정보를 바라보는 우리의 시각과 부자의 시각이 어떻게 다른지 살펴보기 바란다.

2005년 한국 경제의 향방은 여전히 불투명하다. 유가, 중국 경제, 달러화 등의 움직임에 따라 대외 여건이 크게 변할 수 있기 때문이다. 국내에서는 가계 부

채와 신용 불량자 문제, 부동산 시장의 향방 등이 대외
환경과 무관하게 2005년 한국 경제의 성장률을 가감
하는 요인으로 작용하고 있다.

현재의 판단으로는 2005년 연간 경제 성장률은
3.7%(상반기 3.5%, 하반기 4.0%)로 하락할 전망이다.
수출 둔화가 불가피한 가운데, 내수 또한 수출 둔화를
보완할 정도로 회복되기는 어려울 것으로 예상되기
때문이다.

유가 급등이나 중국 경제의 급랭 가능성은 낮지만,
세계 경제의 성장률 둔화, 달러화 약세 등 대외 여건이
악화되어 수출 증가세는 한 자리수에 머물 전망이다.
반면, 가계의 부채 상환 부담 등이 2005년에도 내수
회복을 제한할 것으로 보인다.

정부가 구상중인 다양한 경기 부양 조치도 경제 주
체들의 심리 위축 등으로 경제 전반에 그 효과가 파급
되기는 쉽지 않을 것이다.

2005년에 예상되는 3.7%의 경제 성장률은 지난 8월
에 제시한 삼성경제연구소의 전망치와 동일하지만,
세부적인 성장 요소에서는 차이가 있다. 그것은 민간

소비 전망치를 3.2%에서 2.1%로 하향 조정한 점입니다. 3/4분기 중 서비스업 생산이 감소하는 등, 내수 경기가 당초 예상보다 침체의 골이 더욱 깊어지고 있다. 또한 가계 부채의 조정이 2005년에도 지속될 것으로 보여 민간 소비의 회복은 예상보다 지연될 전망이다. 반면 투자는 10조 원 규모의 한국형 뉴딜 정책 등 정부의 경기 부양 조치를 일부 반영하여 2.7%에서 3.2%로 상향 조정했다.

수출도 원화 절상 등이 악재로 작용하긴 했지만, IT 경기의 둔화 정도가 예상보다 적을 것으로 보여 7.5%에서 9.3%로 조정한 것이다.

우리 경제는 2000년대 이후 매년마다 3%대 성장을 되풀이하고 있으며, 마찬가지로 2005년에도 3%대의 성장률을 예상하고 있다.

일단은 경제의 성장 복원력이 저하되고 있는 형편이라 거시적으로는 내수 진작 등 경제의 복원력 회복에 초점을 맞추어 운용해야 할 것이다. 교육, 의료, 레저 등 서비스 분야에 재정 지출을 확대하여 수요 기반을 확충하는 것, 국민연금, 건강보험 등 사회보장제도

의 개선도 경제 활력 제고를 위해 필요한 사항으로 손
꼽을 수 있다. 더불어 국내외 리스크에 대한 대비도
필요하다.

2005년에는 고유가, 급격한 원화 절상 등의 가능성
을 배제할 수 없다. 정부와 기업은 위험 요인에 사전
대비하고 위험 요인 발생시 신축성 있게 대응할 필요
가 있다.

세계 경제 성장률 추이 및 전망 (%)

국가	2003	2004	2005
세계	3.9	4.3	3.7
미국	3.1	4.0	3.3
EU	0.9	2.2	2.2
일본	2.5	3.9	2.4
중국	9.3	9.2	8.6
동남아	4.6	6.4	5.8

출처 삼성경제연구원

민간 소비는 지난 2년간의 침체에서 벗어날 전망이
다. 경제 상황에 대한 정부의 인식 변화에 따른 경기
부양책 실시가 소비 감소에 제동을 걸 것으로 보이기
때문이다. 2004년 9월 에어컨, 프로젝션 텔레비전,
PDP 텔레비전 등 11개 품목에 대한 특소세가 폐지되
었으며, 2005년부터 근로 소득세, 이자 소득세, 배당
소득세, 등의 소득세에 대한 세율이 1% 인하되었다.

세계 경제 성장률 및 교역 증가량 추이 및 전망

	2000년	2001년	2002년	2003년	2004년	2005년
경제 성장률	4.7	2.4	3.0	3.9	5.0	4.3
교역 증가율	12.5	0.2	3.3	5.1	8.8	7.2

출처 World Economic Outlook, 2004. 9

2005년 중 세계 경제는 4.3% 성장해, 2001년의 침
체에서 벗어나 완만한 회복세를 지속할 것으로 보이
지만 2004년(5.0%)보다는 성장세가 둔화할 듯하다.
세계 교역량 증가율도 전년 대비 7.2%로, 전년(8.8%)

보다는 증가세가 다소 둔화할 전망이다.

정책의 초점은 경제의 활력 회복이지만, 한국 경제는 경기가 매년 상승과 하락을 되풀이 하는 등 경제의 복원력이 약화되고 있다. 경기 상승 기간이 1970년대 이후 외환 위기 이전까지 평균 34개월에서 2001년 이후 1년 단위로 단축되는 등 경기 사이클이 작게 순환화하는 추세입니다.

경기 상승 기간은 38개월(1993.1~1996.3)에서 24개월(1998.8 ~ 2000.8), 12개월 내외로 주기가 짧아지고 있다. 특히 2000년 이후 매 2년마다 3% 성장에 그치고, 경기 고점에서의 성장률이 낮아지는 추세다. 외환 위기 이후 경기 고점에서의 경제 성장률이 1999~2000년의 9.0%에서 7.0%(2002년), 5.0%(2004년)로 하락하는 등 성장 탄력도 둔화하고 있다.

2005년 전망을 위해선 중국 경제 연착륙 여부와 국제 금리 및 달러화 향방, 중동 정세와 유가, 북핵 문제 등에 대한 분석이 필요하다. 중국은 작년의 승승장구에 힘입어 2005년에도 8%대의 경제 성장을 할 것으로

보인다. 달러화 약세는 계속될 것이며, 총선이 성공적
으로 끝났다고는 해도 중동의 불안한 상황은 계속될
것이라는 전망이다.

　국내 요인으로는 가계 부채와 신용 불량자 증가, 부
동산 시장 급랭 가능성, 정부 정책 기조 등을 고려해야
할 것이다. 가계 부채의 조정 과정이 지속되고 부분적
인 규제가 완화되면서 완만한 물가 하락세를 이끌어
낼 것으로 예상되나, 기존 개혁 조치 부진과 더불어 경
기 부양책 시행, 노사 갈등, 계층간 지역간 갈등은 여
전히 지속될 것이라는 분석이다.

제 6 장

부의 이동 속에서
부자의 대열에 서기까지

"남보다 앞서 변화를 주도할 때

이 시대의 리더로서

진정한 부자의 반열에 서게 된다."

타산지석(他山之石)

이란 말이 있습니다. 다른 사람의 사소한 말과 행동을 통해 자신을 바로 세워 나가는 것을 뜻하는 말이지요. 사업에서의 실패는 분명 제 인생의 큰 시련이 되었지만 그 일을 계기로 저는 부자가 되기 위한 결심을 다질 수 있었습니다. 〈내 뜻대로, 내 방식대로〉를 고집하지 않고 성공한 부자들의 삶을 타산지석으로 삼았습니다.

> 산을 오르는 방법을 알려면
> 그 산을 가장 많이 오르내린 사람에게 물어보라.

급격한 변화는 가히 혁명과도 같습니다. 그만큼 여파가 크며 파급 효과도 대단한 것이지요. 전구의 발명이 그러했고, 엔진의 발명, 다이너마이트의 발명 등이 세계 역사에 미친 영향은 혁명에 가까웠습니다. 그런데 20세기에 들어 세상을 뒤집어 놓는 놀라운 발명이 있었습니다. 바로 컴퓨터가 세상에서 빛을 본 것입니다. 컴퓨터는 단지 전자계산기와 워드프로세서의 기능을 갖춘 고급 가전제품이 아니라, 인터넷이라는 새로운 세계를 창조해 냈습니다. 인터넷의 보급 이후 사람들의 지식수준이 한 단계 높아졌음은 두 말할 나위 없으며, 개인이 자신의 목소리를 낼 수 있고 재능을 개발할 수 있는 터전을 제공하였습니다. 인터넷 세상이 곧 평범한 일상으로 자리 잡을 때 우리에게 어떤 변화가 올지는 아무도 예측할 수 없지만, 인간의 편의를 위한 각계의 노력이 있기에 현재보다 나은 미래가 있으리라 기대해 봅니다.

현대판 '적자생존' 은 변화에 민감한 사람만이 살아남을 수 있음을 강조하고 있습니다. 현재 변화의 중심에 인터넷이 있습니다 또한 유비쿼터스 혁명이 있습니다. 그것을 알아채고 먼저 나서서 변화를 주도할 때 우리는 이 시대의 진정한 리더가 될 수 있습니다.

또한 주변 국가의 변화 형태와 세계시장 흐름을 알지 못하면 애써 쌓아 올린 탑이 마치 외부의 강한 태풍에 무너져 내린 꼴이 되는 경제상황을 우리는 여러번 경험했습니다. 변화무쌍한 시대에 확실한 부자가 되길 원한다면 주변 나라 정세와 세계경제의 흐름 및 트렌드를 정확히 알고 꼼꼼히 살펴야 할 것입니다.

인터넷 혁명, 세상을 바꾸다

1990년대 초반, 우리나라에 팩시밀리가 처음 보급되었을 때, 사람들은 놀라움을 감추지 못했습니다. 아무리 많은 양의 서류라도, 복잡한 약도라도 단번에 그대로 수신이 가능하니 그 편리함은 곳곳에서 각광을 받았습니다. 특히 외국에 나가 있는 특파원이나 주재 근무자들은 그 이익을 톡톡히 경험했습니다. 예전에는 비싼 통화료를 내고 전화로 보고하거나 비행기를 통해 며칠씩 걸려 가며 서류를 주고받아야 했던 것을 실시간으로 소통 가능하게 했던 것입니다.

그런데 세기가 변하기도 전에 또 다른 사건이 벌어 졌습니다. '인터넷' 세상이 열린 것입니다. 인터넷에 서 뉴스는 물론이요 쇼핑, 은행, 요리, 여행 정보, 메일 까지 그 모든 것을 제공하며 실생활로 다가왔습니다. 그뿐 아닙니다. 커뮤니티 공간이 확대되고 클럽 활동 까지 지원하여 삶의 폭을 넓히고 문화생활의 기회를 제공하기도 했습니다. 한마디로 인터넷 세상은 도깨 비방망이 같은 역할을 하고 있습니다.

인터넷이 확대되면서 팩시밀리는 먼지를 소복이 뒤 집어쓴 채 뒷전으로 밀려났습니다. 문서를 스캔 받아 서 메일로 보내면 되니 따로 팩시밀리를 구입할 필요 가 있겠습니까? 팩시밀리 판매를 주력으로 삼던 회사 들은 이제 컴퓨터 관련 제품을 생산하고 있습니다. 그 것이 시대의 흐름이요 소비자의 요구이기 때문입니 다.

흔히 인터넷 세상을 '정보의 바다' 로 표현합니다. 원하는 무엇이든 얻을 수 있고 그만큼 생활은 편리해

졌습니다. 인터넷이 보급되면서 가장 큰 변화를 맞은
분야는 누가 뭐래도 '유통 구조'일 것입니다.

20여 년 전만 해도 교과서에서는 '생산자→도매상
→총판→소매상→소비자'를 유통 구조의 흐름이라고
가르쳤습니다. 그런데 인터넷이 보급되면서 그 중간
단계가 사라졌습니다. '생산자→소비자'가 유통 단계
로 정착하기 시작한 것입니다. 생산자는 정당한 가격
에 물건을 판매할 수 있고, 소비자는 중간 유통 마진이
빠진 저렴한 가격에 물건을 구입할 수 있으니 생산자
와 소비자 모두가 쌍수를 들어 반길 변화지요. 인터넷
으로 주문한 물건은 2~3일 내에 택배를 통해 집으로
배달이 되므로 고생스럽게 물건을 들고 이리저리 다
닐 필요도 없습니다.

이것은 곧바로 소비 패턴의 변화를 가져왔습니다.
재래시장과 구멍가게를 이용하던 사람들이 대형 할인
마켓과 인터넷 쇼핑을 이용하게 된 것입니다. 그러면
비용은 물론이요, 시간과 노력을 줄일 수 있으니 나머
지 시간을 여가와 개인의 발전에 쓸 수 있기 때문입니
다. 웰빙이 각광을 받게 된 것도 다 이러한 소비 패턴

의 변화에 기인한 것임을 알 수 있습니다.

인터넷은 업계에도 커다란 반향을 불러일으켰습니다. 대기업은 물론 중소기업과 개인사업자까지 인터넷에 홈페이지를 만들어 홍보와 판매에 전력 질주를 하고 있습니다.

지난 2004년 3월, 경제신문 《머니 투데이》에서는 PR홍보매체에 대한 선호도를 조사하였습니다.

그 결과 국내 기업 홍보 담당자들이 PR홍보매체로 가장 중요하게 여기는 것은 신문과 인터넷 웹 사이트인 것으로 조사됐습니다.

기업CEO, 기업 홍보 담당자, 학계, 언론계, 법조계 등의 오피니언 리더와 NGO 활동가 등 1,100명을 대상으로 조사한 '한국PR산업 현황과 인식 조사'에 따

르면, 기업 홍보 담당자들의 기업 PR매체 활용은 신문
이 6.2점(7점 만점)으로 1위를, 인터넷 웹 사이트가
5.0점, 텔레비전(4.6), 잡지(4.5)의 순으로 나타나 웹
사이트가 신문 다음으로 활용되는 것으로 조사됐습니
다.

지배의 변혁

	기업에 대한 전통적인 이론	새로운 현실
분석의 단위	기업	네트워크
가치의 근간	제품과 서비스	공동 가치 창출 경험
인프라스트럭처에 대한 시각	물리적/재무적 자산	자원(네트워크 및 지식)에 대한 접근성
경계의 기준	법적인 경계	전략 및 운영상의 경계
경계의 성격	고정됨	진화함
상호작용의 성격 및 목적	거래 중심 거래 당사자의 자기 이익 극대화 기존의 게임에서의 효율 극대화가 목표	일련의 거래 및 공동 가치 창출 경험 공동 이익 및 자기 이익 극대화 게임의 진화를 유지하는 것이 목표
투자자의 정의	미리 정해진 이해 당사자의 역할	모든 구성원

- 경쟁의 미래 -참조

이는 아직도 인쇄매체가 기업이 활용하는 주된 PR 매체로 굳건한 자리를 지키고 있는 가운데, 디지털 시대를 맞아 신속하고 쌍방향적인 인터넷 웹 사이트가 새로운 매체로 크게 부상하는 것을 보여 주는 것이라고 PR협회는 설명하고 있습니다. 이것은 인터넷의 순기능이 확대되고 있음을 보여 주는 결과입니다.

개인과 업계는 물론 정부 각 부처에서도 인터넷의 활용도가 높아지고 있습니다. 환경부는 복잡하고 까다로운 환경 정책 추진에 있어 인터넷 창구를 확대했으며, 문화관광부는 관광 한국의 이미지 제고를 위해 인터넷에 홍보용 동영상을 띄우기도 했습니다. 과학기술부, 행정자치부 등 각계 정부 부처들이 인터넷 방송국을 만들어 홍보와 계몽에 나서고 있으며 지자체 또한 인터넷에 장을 마련하여 시민의 목소리에 귀를 기울이고 있습니다.

국가가 혁신을 주도하고, 기업이 변화의 핵심 역할을 하던 시대는 지났습니다. 21세기 인터넷 시대에는 개인의 작은 목소리가 변화의 촉발제가 되어 경제와 정치, 문화의 변화까지 이끌고 있습니다. 그리고 그

영향력은 더욱 커질 전망입니다.

기회 불균등 현상과 아담 스미스의 '국부론'

인터넷의 보급과 발달은 기회 균등의 불균형을 가져왔습니다. 기회는 '누가 얼마나 폭넓은 정보와 밀접해 있느냐' 에 따라서 달라지고 있습니다.

똑같이 쌀농사를 짓는 사람이라 하더라도 정부의 추곡 수매만 기다리는 사람과 인터넷 쇼핑몰을 통해 판매하는 사람의 소득에는 큰 격차가 있습니다. 도시민과 직거래 장터를 만들어 홍보와 판매에 적극적으로 나서는 사람은 더 큰 소득을 올릴 수 있습니다. 또 기존의 방식대로 농사를 짓는 사람과 유기농, 친환경 농법을 도입하여 농사를 짓는 사람 사이의 소득 격차도 큽니다. 정보력이 힘이 되고 곧 돈이 되는 시대입니다. 인터넷 환경은 누구에게나 똑같이 주어져 있지만 그 안에서 정보를 얻어 자기의 것으로 만들어 나가는 사람만이 기회를 얻을 수 있습니다.

한편 현재의 경제 상황은 아담 스미스의 '국부론'을 입증해 가고 있습니다. 아담 스미스는 '경제 시장은 보이지 않는 손에 의해 움직여 간다' 는 이론을 펼쳤습니다.

즉, 시장은 이윤을 추구하는 수백만 명의 소비자와 생산자가 국가의 간섭 없이 이성적인 방향으로 흘러간다는 말입니다.

예를 들어 고기장수와 빵장수가 각기 그 생산물을 교환하는 것은 그 교환이 그들에게 유리하기 때문일 뿐 상대방에게 이익을 주기 위해서가 아닙니다. 그러나 자신의 이기심에서 비롯된 그 행위가 결국은 경제 활동에 활기를 불어넣고 발전을 가져오게 됩니다.

"서로에게 이익이 되는 방향으로 목적을 달성할 수 있다."

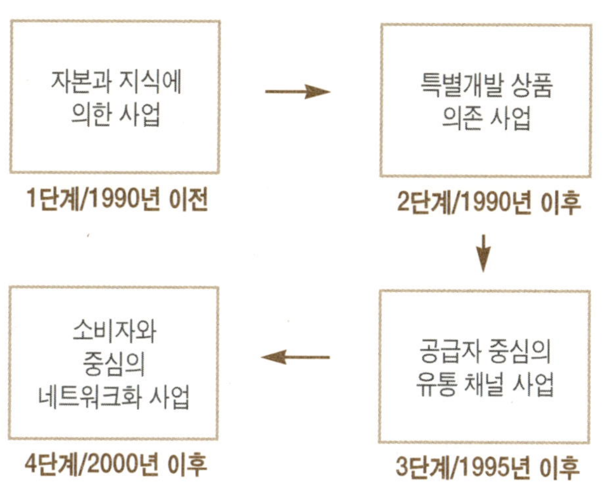

　서로가 최대의 이익을 추구하는 방법으로, 농공이 분화되고 상업이 발달하면서 외국과의 교역도 활발해집니다. 그중 이익을 최대화할 수 있는 방법이 광고와 홍보비를 줄이고 유통 단계를 최소화하고자 하는 것입니다. 그러면서 등장한 것이 새로운 개념의 마케팅, 즉 네트워크 비즈니스입니다.

　20세기에 등장한 네트워크 마케팅은 한 세기를 풍미하며 실질적인 이익과 확장 가능성에 대해 증명하였습니다. 네트워크 마케팅은 광고와 홍보비를 줄이고 유통 단계를 최소화했을 뿐만 아니라, 회원제로 운영하면서 판매 실적에 따라 회원에게 유통 마진을 되돌려 주는 실질적이고 합리적인 마케팅입니다.

미국에서 시작되어 일본과 한국에서 수백만의 회원을 확보한 네트워크 마케팅은 사회 구조의 변화와 여성의 적극적인 경제 활동 참여에 힘입어 더욱 호황을 보일 것으로 전망되고 있습니다.

아담 스미스의 이론대로 '보이지 않는 손'에 의해 가장 이익을 취할 수 있는 방향으로 시장 경제가 흘러간 결과입니다.

네트워크 마케팅 회원들을 유통에 참여하며 직접 소비를 하는, 즉 생산자이자 소비자이기도 한 프로슈머(prosumer)입니다. 미래학자인 앨빈 토플러는 1980년에 《제3의 물결》이란 책을 통해 이미 프로슈머의 출현을 예견하였습니다.

제4의 혁명, 유비쿼터스

21세기는 바야흐로 유비쿼터스를 향해 달려가고 있습니다. '유비쿼터스(Ubiquitous)'란 라틴어로 '언제 어디서나' 존재한다는 의미입니다. 이 말을 가장 먼저 사용한 사람은 1988년 미국의 마크 와이저 박사로, '어디에서든지 컴퓨터에 액세스할 수 있는 세계'를 지칭하는 말로 사용하였습니다. 처음에는 그의 말에 대해 반신반의하는 이들이 대부분이었으나, 현재는 기업은 물론 정부까지 나서서 유비쿼터스에 관심을 갖고 연구하고 있습니다. 여태껏 인류는 꿈이라고 생각해 왔던 것들을 현실로 이루며 역사를 이어 왔기 때문입니다.

유비쿼터스의 범위를 규정짓기는 매우 힘듭니다. 유비쿼터스가 지칭하는 의미는 매우 폭넓어서, 사람이 가장 편리하게 생활할 수 있는 여건을 이루는 모든 요소들이 이에 해당합니다. 유비쿼터스가 등장하면서 농업혁명, 산업혁명, 정보혁명과 더불어 그것을 제4의 혁명이라고 부르는 데는 다 이유가 있습니다.

유비쿼터스 세상에서는 가장 먼저 가정생활이 혁명적으로 바뀝니다. 모든 정보가 네트워크를 타고 공유되기 때문에, 외부에 있으면서도 자신의 집과 집안의 모든 것들을 통제할 수 있는 것입니다. 요즘 한창 광고하고 있는 가스레인지 제어 장치를 살펴보면, 외부에 나가 있으면서도 가스레인지의 중간밸브를 작은 단말기 하나로 제어하는 것을 알 수 있습니다. 그러나 그것은 유비쿼터스 세상의 단편에 불과합니다. 그 단계에서 더 나아가 인터넷에 연결된 전자레인지가 당신이 가장 좋아하는 조리법을 검색해서 미리 요리해 놓고 당신을 기다린다거나, 냉장고에 내장된 컴퓨터가 야채와 과일의 양을 파악해 슈퍼마켓에 자동으로 주문하는 것도 놀라운 일이 아닙니다. 인공위성과 연결된 휴대 전화가 가장 빠른 길을 알려주며, 무심코 지나치는 거리의 광고 전광판에서 우리의 취향을 고려한 제품 광고가 흐르는 것도 유비쿼터스 세상의 한 단

면이라고 볼 수 있습니다.

기업의 입장에서는 네트워크로 공유된 개인 정보를 바탕으로 한 차원 높은 서비스를 제공할 수 있습니다. 국가 차원에서는 도로, 공원, 교량 관리에 유비쿼터스 기술을 적용하는 것은 물론 행정, 금융, 치안, 복지 등의 업무 효율을 높일 수 있습니다.

고령화 사회의 풍경

부시는 2005년 연두 국정연설에서 국내 정책 과제 가운데 사회보장제도의 개혁을 최우선 과제로 꼽았습니다. 현 추세라면 2018년부터 막대한 적자가 날 것이고, 2042년에는 완전히 거덜난다며 개혁을 강조했습니다. 부시는 이에 대한 대책으로 은퇴시기를 늦추고 연금 조기 수령을 제한하는 동시에 개인 차원의 연금 저축을 장려해야 한다고 거론했습니다.

미국의 경우에서 볼 수 있듯, 이러한 고령화 문제에서 우리나라는 자유로운 상태일까요? 한국의 고령화 시대에 대한 대비는 미국 등의 선진국에 비해 20년 정도 늦었다고 합니다. 이것은 대비할 새도 없이 급격한 출산 저하에서 비롯된 것이기도 합니다.

통계청이 1월 19일 발표한 '장래 인구 특별 추계 결과'에 따르면, 여성 1명당 평균 자녀 수(합계 출산율)는 2003년 1.19명으로 인구 유지 수준인 2.1명에 비해 턱없이 모자란 수치입니다.

현재 우리나라 출산율은 세계 최저 수준으로, 급속한 인구 감소와 더불어 고령화 사회로의 진전이 가속화되고 있는 상태입니다.

이런 추세라면 2050년에는 신생아의 수가 현재의 절반 이하로 줄어들 것으로 예측되며, 총인구 수도 750만 명이 감소하게 됩니다.

다음 세기에는 우리나라 인구가 현재의 절반으로 줄어든다는 얘기입니다. 노인 인구는 2018년 14.3%에서 2026년 20.8%로 상승하면서 초고령화 사회의 길을 걷게 됨으로써 외국인 노동자들뿐만 아니라 대량 이민을 받아야 할 형국에 처해질 것입니다.

이런 불행한 미래를 맞지 않기 위해서는 정부의 적

극적이고 실질적인 출산 장려책이 요구됩니다. 이런 인구 고령화는 국가의 존립을 위협하는 요소이기 때문입니다. 노인층의 증가는 그대로 사회 복지 체제의 부담으로 작용하게 됩니다.

현재 생산 가능 연령대(15~64세)의 인구 8.6명이 노인 1명을 부양하던 것이, 2030년이면 2.8명이 노인 1명을 부양해야 하는 상황에 당면하게 됩니다.

고령화 시대에 지금 넣은 연금을 탈 수 있을지도 의문시되는 상황입니다. 연금에 대한 확고한 대책 마련과 IT 시대의 경쟁력을 확보해야 새로운 시대의 경쟁에서 살아남을 수가 있습니다.

인구의 갑작스런 감소는 노인 인구의 인력을 요구하게 됩니다. 자기 계발에 힘쓴 노인이라면 새로운 시대에 적응할 수 있겠지만, 그렇지 않은 경우는 도태될 수밖에 없겠지요. 연금제도의 개선을 통해 생활을 보장할 수 있는 안전장치를 충분히 갖추고 실버타운의 대대적인 조성도 필요한 부분이지요.

또한 새로운 기준의 정년이 마련되어 일할 수 있는 노인들의 노동 능력을 활용할 수 있어야 할 것입니다.

분명한 것은 10년 내에 한국의 실버산업은 성장기에 접어들 것이라는 점입니다.

또한 연금시대에는 고용되어 움직이는 것보다는 자기 사업과 투자의 형태로 돈을 벌게 될 것입니다.

배를 탄 선장이 날씨와 파도, 바람 등 주변의 변화를 끊임없이 관찰하고 기록하는 것처럼 투자자는 어떤 풍랑에도 맞설 수 있도록 모든 것에 대한 대비책을 세워야 합니다.

미래의 회사에선 20~30대가 아닌 40대~50대를 주축으로 일하고 있는 모습을 쉽게 발견할 수 있을 것입니다. 먼 미래가 아니라 불과 20년 뒤의 풍경입니다. 지금 30세의 성인이라면 앞으로도 30년 혹은 40년 간 노동을 해야 한다는 결론입니다.

30+30+30세대가 도래했다.

30+30이 20세기 삶의 스케줄이었다면, 21세기에는 여기에 30년 간의 계획이 더 짜여 있어야 합니다. 30년의 연금 시대를 어떻게 살아가야 할까요? 사업을 한

다면 그것은 손수레를 끌고 간이음식을 팔더라도 자기가 하고 싶은 것이어야 하고, 계획과 철학이 있는 것이어야 합니다. 무조건 돈을 벌 수 있다고 해서 즐거움을 느낄 수는 없으며, 돈을 벌어들일 수 있다고 해서 부자인 것은 아니기 때문입니다. 미래에 대한 철저한 계획은 삶의 자세에 대한 변화까지 가능하게 만듭니다.

미래 산업에서 경쟁중인 한·중·일 3국

우리나라의 경제를 전망할 때 중국과 일본의 상황을 살피는 것은 당연한 일입니다. 중국, 일본과는 활발한 무역 관계에 있으며 인접 국가인 동시에 미묘한 이해 관계와 역사가 얽혀 있기 때문입니다. 이제는 우리나라 경제의 성장 동력을 제공하는 10대 차세대 주요 산업과 일본의 신산업, 중국의 10차 5개년 과기발전계획 12개 중점 프로젝트 및 과학기술부의 국가 핵심기술이 대부분 겹친다는 요소를 추가해야 합니다.

이는 다시 말해, 3국이 치열한 경쟁 관계에 놓여 있다는 것을 의미하는 것입니다. 구체적으로 살펴보면, 우리나라의 디지털 텔레비전과 디지털 방송은 일본의 정보가전, 중국의 이동멀티미디어방송(DMB)과 겹치고, 우리나라의 또 다른 주력 상품인 LCD·PDP 텔레비전 등의 디스플레이는 일본에서 내세우고 있는 정보가전과 중국의 유기발광다이오드(OLED) 등과 중복되는 양상이지요. 우리나라의 통신과 더불어 주력하고 있는 디지털 텔레비전 및 디지털 방송 역시 일본의 정보가전, 중국의 이동멀티미디어방송(DMB)과 겹쳐지는 것을 볼 수 있습니다.

첨단 기술을 도입해 연구 중인 우리의 미래형 자동차는 중국의 전기자동차와 신 모델 경쟁을 할 것으로 보이며, 우리의 지능형 로봇은 일본 첨단 기술의 메카인 로봇과 맞설 것으로 보입니다. 우리나라의 차세대 전지도 일본의 연료전지와 겹쳐 있습니다.

이 밖에 우리나라의 바이오 신약과 장기는 일본의 건강복지 기기 및 서비스와 중국의 생물의약, 공업생물, 농업생물 등과 유사하게 설정되어 있어 디지털 제품을 넘어 의학 부문까지 중복되고 있는 실정입니다. 이 밖에도 국내 디지털 콘텐츠 및 소프트웨어 솔루션도 일본의 콘텐츠와 차세대 소프트웨어와 유사하게 중복되어 있습니다. 10대 성장 동력 중 일본, 중국의 유망 신산업과 겹치지 않는 것은 단 1개도 없으며 6개가 한·중·일 3국에 중복되어 있습니다.

이는 새로운 사업에 대한 성장 가능성이 무한하며 제품을 차별화할 수 있는 범위 또한 넓기 때문입니다. 때문에 중, 일과 사업적인 측면이 유사하다고 해도 가능성은 무궁무진하게 열려 있는 동시에 치열한 경쟁이 불가피할 것으로 전망됩니다. 이는 한·중·일의 경쟁 구도가 본격화되었다는 것을 의미하는 통계이기도 합니다. 재계에서는 이 자료에 따라 중국, 일본에 비해 상대적으로 뒤쳐져 있는 분야에 대한 연구 개발(R&D)의 예산 및 인력 확충을 정부에 건의할 예정인 것으로 알려졌습니다. 그러나 중국, 일본과 비교할 때 우리나라의 작년 R&D 예산은 일본(313억 달러)의 7분의 1, 중국(98억 달러)의 2분의 1 수준인 46억 달러에 불과합니다. 중국이나 일본과의 경쟁에서 도태되

지 않기 위해서는 미래 산업 연구에 대한 투자 확대가
절실히 필요한 시점입니다.

부자들이 촉각을 곤두세우는 중국의 움직임

중국 경제가 새로운 국면을 맞았습니다. 1979년부
터 평균 9% 이상의 성장을 거듭하며 가파르게 성장하
고 있는 중국이 위안화 절상의 압력을 받기 시작한 것
입니다. 경기 과열과 폭발적으로 늘어나는 외환으로
몸살을 앓는 중국 경제의 내부 변화가 심상치 않자, 중
국 안팎에서는 '위안화 환율이 조만간 움직일 가능성
이 크다'는 분석이 쏟아져 나오고 있습니다. 그렇다면
중국의 위안화의 절상을 가장 갈망하는 곳은 어디일
까요?

미국은 쌍둥이 적자로 인해 중국의 고정환율제를
변경하도록 강하게 요구하고 나섰습니다. 미국의 대
중국 무역 적자는 지난 1998년엔 570억 달러에 그쳤
으나 2002년엔 1,030억 달러로 늘었고 지난해에는 10

월까지 1,310억 달러의 적자를 보였습니다. 중국을 상대로 천문학적인 무역수지 적자를 내고 있는 미국은 몇 년 전부터 위안화 절상에 목을 매다시피 하고 있습니다. 위안화의 가치가 오르면 중국 상품의 가격 경쟁력은 떨어질 수밖에 없기 때문입니다.

위안화를 절상시키면 중국의 수출 경쟁력은 약화될 수밖에 없으므로, 중국 정부는 경제 성장률을 유지하면서 거시경제까지 바라볼 수 있는 방법들을 고민중입니다. 한편 우리나라의 환율 시장은 위안화 절상에 대한 소문만으로도 크게 요동치고 있습니다. 위엔화 평가절상이 원화절상 압력으로 이어지고, 그것은 곧 국제 경쟁력이 더욱 악화될 수 있다는 우려와 직결되기 때문입니다.

우리나라 대중 수출의 70~80%가 원자재와 중간재로 구성돼 있어 중국의 대외 수출 위축에 따른 악영향을 그대로 받을 수 있습니다. 중국의 수출 위축은 곧 국내 기업들의 대중국 원자재의 수출 위축을 가져올 것입니다. 반면 국내 기업들의 위엔화 절상에 대한 대비는 매우 미비한 것으로 나타났습니다. 대한무역투

자진흥공사는 환리스크에 대한 대응 체제를 구축하고, 대중 진출 기업을 육성하는 한편, 수출과 내수의 판매 비중 조절해야 한다고 대비책을 내놓았습니다. 또한 중국 내수시장 개척을 강화하고 중장기적인 계획에 따라 기업 경쟁력을 강화하는 데 노력해야 한다고 밝혔습니다. 다시 말해, 어떠한 환률 리스크도 극복할 수 있는 기업의 체질 개선이 우선되어야 한다는 것입니다.

우리의 입장에서는 한반도 문제를 대하는 중국의 정책 변화 역시 주목해야 합니다. 중국의 대한반도 정책 기조는 긴장 완화 및 안정 유지로서, 중국은 한반도의 안정이 중국의 경제 발전에 필수적인 요소라고 인식하고 있습니다.

이 같은 관점에서 중국은 한국과의 경제 무역 관계에 중점을 두는 한편, 북한과의 전통적인 유대 관계를 지속적으로 유지하는 것이 중국 국익에 부합하는 것으로 판단하고 있는 것입니다.

북한의 핵 보유는 자국의 〈한반도 비핵화〉 원칙에 위배되는 것이기에 수용할 수 없지만, 반대로 북한 정권의 붕괴를 좌시할 수 없다는 것이 중국이 한반도 문제를 바라보는 딜레마이기도 합니다.

앞으로 중국의 경제 성장은 위협적인 상승세를 보일 것으로 전망됩니다. 한·중 경제 교류는 2003년 양국 교역 규모가 570억 달러로, 수출이 351억 달러, 수입이 219억 달러였습니다.

이후 교역 규모는 더욱 늘어나 2006년에는 1천억 달러를 넘어설 것으로 전망됩니다. 중국은 한국 제1의 수출 시장으로 부상했으나, 동시에 미국과 일본에 이어 3위의 수입 시장이기도 합니다.

중국 의존도가 상승함에 따라 정부와 기업의 전략적 접근이 필요하며 이에 따른 움직임이 계속되고 있습니다.

- 인터넷은 "생산자→도매상→총판→소매상→소비자" 에서 "생산자→소비자" 로 소비문화를 바꿔 놓음으로써 웰빙이 각광받게 되었다.
- 현재의 경제 상황은 아담 스미스의 '국부론' 을 입증해 가고 있다. 즉, 시장은 이윤을 추구하는 수백만 명의 소비자와 생산자가 국가의 간섭 없이 이성적인 방향으로 흘러가고 있다.
- 네트워크마케팅 회원들은 유통에 참여하며 직접 소비를 하는, 즉 생산자이자 소비자이기도 한 프로슈머(prosumer)이다.
- 유비쿼터스 세상에서는 가장 먼저 가정생활이 혁명적으로 바뀐다.

프로슈머 마케팅의 기대효과

"단순한 소비에서 생산자로서의 소비자"

프로슈머(prosumer)란 세계적 미래학자 앨빈 토플러가 그의 저서 《제3의 물결》에서 공급자(producer)와 소비자(consumer)를 합성한 용어로, 제2의 물결사회(산업사회)의 양 축인 공급자와 소비자 간의 경계가 점차 허물어지면서 소비자가 소비는 물론 제품 개발과 유통과정에도 직접 참여하는 '생산적 소비자' 로 거듭난다는 의미를 지니고 있다. 다시 말해 소비자의 요구를 제품 생산과정에 최대한 반영함으로써 소비자의 만족도를 극대화시킨 새로운 21세기 마케팅기법으로, 단순히 소비에만 국한되었던 소비자에서 생산자

로서의 소비자로 그 권리가 확장된 것이라고 할 수 있다.

우리나라 경우, 포스코와 한글과컴퓨터 등 국내업체 외에 국내에서 영업중인 외국기업 가운데 소비자의 요구를 제품 제작에 반영하는 이른바 '프로슈머 마케팅' 을 본격화하는 사례가 최근 크게 늘고 있는 실정이다.

이러한 새로운 기법인 프로슈머 마케팅의 기대효과를 살펴보면 다음과 같다.

첫째, 소비자가 제품 개발에 직접 참여함으로써 고객의 요구사항을 그대로 반영해 고객만족도가 증대한다.

둘째, 신상품 개발을 위해 별도 비용을 들여 시장조사를 할 필요가 없게 됨으로써 비용이 절감된다.

셋째, 소비자가 특정제품 개발에 관여할 경우 경쟁업체 제품을 구입할 가능성은 크게 떨어져 탄탄한 단골 고객층을 확보함으로써 고객 선점을 기대할 수 있다.

넷째, 상품개발에 소비자가 직접 참여해 검증을 했기 때문에 고객의 불만이나 안전사고 등을 미연에 방지할 수 있다.

예전에는 생산자와 소비자가 분리되어 생산자가 시중에 제품을 출시하면 소비자는 단순히 소비를 한 반면에, 최근의 소비자들은 인터넷을 통해 그 목소리가 점차 커짐으로써 적극적으로 권리를 행사하고 있다. 따라서 프로슈머 마케팅이나 네트워크 마케팅은 이러한 소비자의 요구를 반영한 결과라고 할 수 있다.

자본주의 사회에서
부의 축적은 미덕이다

"존경받는 부자의 부는

재생성 되어야 한다."

과학자나 예술가

들을 바라보고 있노라면 "도대체 저 사람들의 머릿속에는 무엇이 들어 있을까?" 하고 궁금해 집니다. 그들이 이뤄 놓은 업적이 범상치 않기 때문이지요. 부자들의 머릿속에도 뭔가 특별한 생각이 들어 있지 않을까 저는 늘 궁금했고, 그들의 사고방식과 생각을 안다면 저도 왠지 부자가 될 것만 같았습니다. 사업 실패 후 열심히 부와 관련해 많은 자료를 살펴보았습니다.

그전에는 막연히 부자는 '돈이 많은 사람'이라고만 생각하였지, 과연 어떤 사람이 부자인지에 대해 생각해 본 적이 없었습니다.

> 목표가 구체적이고 확실할 때
> 그것이 현실로 이루어질 가능성이 커진다.

목표 1 : 누가 부자인가?

목표 2 : 어떻게 부자가 될 수 있는가?

목표 3 : 부자들은 어떤 생각을 갖고 있는가?

목표 4 : 오피니언 리더로서 존경받는 부자가
되기 위해서는 어떻게 해야 하는가?

부자가 되기 위해서는 '누가 부자인가'에 대해 명확히 알 필요가 있다는 생각이 들었고, 어떻게 부자가 될 수 있는지, 부자들은 어떤 생각을 갖고 있는지, 그리고 오피니언리더로서 존경받는 부자가 되기 위해서는 사회에 어떻게 기여를 해야 하는지 등, 현재 성공한 기업가들을 중심으로 해부해 나갔습니다. 뿐만 아니라 네트워크 비즈니스를 비롯해 변화해 가는 주변 환경에 대해서도 나름대로 심도 있게 살펴보았습니다. 그리하여 다음과 같은 결론을 얻었습니다.

첫째, 예전의 부자와 오늘날의 부자가 다르다.

둘째, 부자들은 돈을 세면서 돈에 대한 욕망을 키운다. 예전처럼 열심히 일해 한푼 두푼 모아서 부자가 되는 것이 아니라 가능한 모든 정보를 동원해 돈이 될 만한 곳에 재투자해 고용을 창출하면서 자산을 불린다. 한마디로 말해 오늘날의 부자들은 제대로 돈을 벌고 쓰는 것이다. 그러다 보니 대부분의 부자들이 오피니언 리더로서 존경을 받기도 한다.

셋째, 하루아침에 벼락부자가 된 졸부가 아닌 이상 돈을 많이 가졌다고 해서 게으르거나 태만한 사람이 없다. 그러한 자세 때문에 부자가 된 것인지 부를 유지하기 위해 노력하다 보니 그렇게 된 것인지는 모르지만, 확실히 부자들에게는 특별한 일면이 있다.

넷째, 부자들에게는 공통된 습관이 있다.

다섯째, 부지런하고 근검절약하고 돈보다 인맥을 중시한다.

여섯째, 가정생활에 충실하고 사회의 변화에 민감하게 반응하며 남들과 다르게 생각한다.

일곱째, 졸부들은 자기 자신을 위해 돈을 쓰지만 진정한 부자들은 '째째하다'는 평판에도 아랑곳하지 않고 투자가치가 없는 곳에는 동전 한푼도 아까워한다.

여덟째, 돈을 버는 것도 중요하지만 이를 지키는 것도 중요하다.

아홉째, 오늘날의 부자들은 국내뿐만 아니라 주변 국가들의 정치, 경제에도 무척 민감하게 반응하며 이에 관련해 남다른 정보력을 갖고 있다.

열번째, 이 시대의 진정한 오피니언 리더로서 부자가 되려면 이러한 변화를 감지하고 받아들이는 데서 그치는 것이 아니라 그러한 변화를 적극적으로 주도해 나가야 한다.

그 중 정보통신의 발달은 우리의 생활에 많은 변화를 가져왔다. 수직적인 상하 관계에서 수평적인 쌍방향 커뮤니케이션으로 인해 자유로운 의견교환이 이루어짐으로써 오늘날의 새로운 기법인 네트워크 비즈니스라든지 프로슈머 마케팅도 탄생했다.

이와 마찬가지로 제4의 혁명이라고 불리는 유비쿼터스 세상에서도 많은 변화를 가져올 것이다.

지금 이 시간에도 부를 지키기 위해 부자들은 오피니언 리더로서 밤잠을 설치며 앞으로 도래할 미래 사회에 대해 많은 준비와 노력을 아끼지 않고 있을 것입니다. 한 경영주의 "마누라와 자식만 빼고 다 바꾸라"라는 요구에는 다변화하는 사회 속에서 안주하지 말고 끝없는 자기 계발과 혁신, 역발상 등의 메시지가 담겨 있다고 생각합니다. 잠시도 게으를 틈이 없습니다.

세상의 변화를 읽지 못한다면 개인이든 기업이든 도태될 것입니다. 부 역시 예외일 수 없습니다.

이제 이러한 모든 것을 깨닫고 보니, 그동안 저 자신이 얼마나 우물 안 개구리였는지 부끄럽기조차 합니다.

오늘의 위기가 기회라는 사실을 다시금 가슴에 품고 지금까지 배운 것을 토대로 존경받는 오피니언 리더로서 부자의 반열에 오르기 위해 도서관의 문을 힘차게 박차고 나왔습니다.

"지피지기(知彼知己)면 백전백승(百戰百勝),
이제 적을 알았으니 승리는 시간문제이다!"

록펠러나 카네기를 꿈꾸는 이들에게

어떻게 하면 부자가 될 수 있을까?

이 문제는 오늘날 자본주의의 바운더리 안에서 살아가는 대부분 사람들의 공통과제입니다. 이에 발맞춰 '부자가 되는 법'에 관한 책이 매년 수를 헤아릴 수 없이 서점에 쏟아져 나오고 있습니다.

이 책에서 다루는 것은 부자가 되는 방법론이 아닙니다. 이미 나와 있는 책들 중에서 자신의 삶의 방식과 맞는 방법론을 찾는 것만 해도 보통 일이 아닐 것이기 때문입니다.

그러기에 이 책은 '과연 어떤 부자가 될 것인가'를 고민하면서 이상적인 부자의 상을 핵심으로 삼고 있습니다. 부자에 대한 기준이 서서히 달라지고 있는 현재의 시점에서, 진정 부자가 되길 꿈꾸는 이들이 고민해야 할 문제는 바로 이것이 아닌가 싶습니다.

미국에서는 진짜 부자와 가짜 부자를 나누는 기준이 있다고 합니다. 진짜 부자는 투명한 방법으로 돈을 벌고 자신의 소득을 사회에 환원하는 사람들을 말하고, 가짜 부자들은 돈을 쌓아 놓고 스스로를 위해서만 쓰는 사람들을 말합니다.

자본주의 사회에서 돈을 버는 것은 분명 미덕이지만, 미국인들은 가짜 부자들을 드러내 놓고 경멸하는 반면 진짜 부자들에겐 아낌없는 존경을 표합니다.

그동안 한국 사회에서 부자들은 존경의 대상이기보다는 제 잇속만 차리는 존재로 경멸을 받아 왔습니다. 드라마 속에서 재벌 2세들은 매번 '백마 탄 왕자님' 으로 등장하지만, 그건 한국의 부자들에 대한 시선이라기보다는 부에 대한 동경이 빚어 낸 판타지일 뿐입니다.

현실 속에서 부자에 대한 이미지는 탈세와 불법을 일삼고 돈을 벌고도 사회에 환원하지 않는 스크루지의 모습에 가깝습니다.

그리스 신화 중 크로노스의 이야기는 한국의 부자들에게, 또는 부자가 되길 갈망하는 이들에게 시사하는 바가 큽니다. 아버지를 죽임으로써 권력을 움켜쥐었고, 자식들을 잡아먹으면서까지 지배권을 빼앗기지 않으려 애썼던 크로노스의 모습은 자신이 사회에서 획득한 부를 모조리 집어삼키고 말겠다는 가짜 부자들의 이미지와도 겹쳐집니다.

이미 한국 사회는 수단과 방법을 가리지 않고 부자가 되겠다는 이런 크로노스형 부자들에게 신물을 느끼고 있습니다.

바야흐로 새로운 부자의 패러다임이 필요한 때인 것입니다.

새로운 한국의 부자들은 사회의 리더로서 역할을 담당해야 합니다. 윤리 경영을 강조하고 새로운 흐름을 예민하게 대처하는 현명한 지도자들이어야 하는 것입니다.

우리 사회에서 돈이 많은 사람들은 많아도 현명한 리더들은 많지 않습니다.

첨단 산업의 거센 파도 속에서 자신의 위치를 정확

하게 파악하고 미래를 예측할 수 있는 능력은 풍문으로 전해 들은 투기 정보와는 비교할 수도 없는 것입니다.

이 책에는 성공한 리더들의 이야기와 급변하는 세계의 흐름을 예측할 수 있는 자료들을 수록했습니다. 그중 필연적인 경쟁 관계로 부각된, 한·중·일의 현재와 미래, 세계 경제와 정치의 키를 쥐고 있는 미국이 맞은 새로운 국면은 우리의 현실을 좌지우지할 수 있는 영향력을 갖고 있기에 특히 신중을 기울였습니다. 그리고 존경받는 부자들이 되기 위한 자선의 실천에 대한 내용도 언급했습니다.

스크루지가 아니라 록펠러나 카네기를 꿈꾸는 이들에게, 가짜 부자들이 아니라 사회의 리더가 되길 원하는 진짜 부자 지망생들에게 이 책이 조금이나마 도움이 되길 바랍니다.

　이 책은 '경제적인 부의 이동이 미래에 어떻게 될 것인가' 의 질문에 대한 해답을 여러각도로 제시하였다.

　정보가 넘쳐나는 인터넷 시대에 보다 적극적인 독자라면 이 주제에 대해 정독해 나갈 것입니다.

　여러분이 보다 유용한 정보를 갖기 위해서는 각 장에서 제시한 여러 자료 및 논문과 그 동안 언론매체를 통하여 볼 수 있었던 것이며, 또한 본인의 객관적인 견해와 경제학자들의 논문으로부터 많은 도움을 받은 내용을 참고했다.

---

1. 보스턴 컨설팅 그룹 "세계 부자들의 자산 운용 실태"

2. 벤처 119 (2. www.venture119.re.kr.

　　성공하는 기업과 실패한 기업가 특성

3. 한국의 50대 재단 존경받는 부자들, 이미숙 (저) 김영사

4. 미국의 19대부자 (포브스코리아 2004년 11월)

5. 부자 특성 연구회 "부자 10계명" 문승렬 박사 시삽

6. 국내 10대 히트 상품, 삼성 경제 연구소

7. 부자의 9가지 유형, 부자 특성 연구회(www.seri.org.)

8. 동원그룹, 조동성 서울대 국제지역원장, 바다를 개척하고 재패한

   정도 경영인 참조

9. 포스코, 월간 (징기스칸 12월호 발췌)

10. 엔씨소프트 (10. www.ncsoft.net10.) 신문(월간조선),

    언론기사 참조

11. 팬택앤 큐리텔 (월간 조선) 참조

12. 금호 아시아나 그룹, 한국 경영 사학회

    (금호 박인천의 경제 철학에 관한 연구, 2002)

13. 미국 자선주의의 숨은 이야기, 월드 메이어 닐슨 (저) 참조

14. 세계 경제 성장률 추이 및 전망, 삼성 경제 연구원 참조

15. 세계 경제 성장률 및 교역 증가량 추이 및 전망

    (World Economic Outlook, 2004년 9월)

16. 프로슈머 가이드, 최문규 (저)

17. 변해야 성공한다, 윤철경 (저)

18. 아담 스미스 "국부론"

19. 제3의 물결, 앨빈 토플러

20. 유비쿼터스 비즈니스, 유비쿼터스연구회

21. 고령화 쇼크, 박동석 지음

22. 나라 경제 정보지 2005년 1월 참조

23. 월간조선 1, 2월호 참조

24. Forbes Korea 1, 2월호 참조

부자는 복권을 사지 않는다

　가치 투자로 세계 2위의 부자가 된 워렛 버핏의 일화를 소개한다. 같이 골프를 치던 한 CEO가 워렌 버핏에게 '홀인원을 하면 1만 달러를 줄테니 2달러를 걸라' 고 제안했다. 그냥 재미로 내기를 할 수도 있었으나 워렌 버핏은 일언지하에 거절했다. 아무리 작은 돈이라도 희박한 확률에 걸 돈은 없다는 것이었다. 물론 2달러쯤 잃어도 그만이지만, 워렌 버핏은 '2달러를 소중하게 생각하지 않는 사람은 1만 달러를 가져도 마찬가지' 라고 생각했다.

　부자들은 복권을 사지 않는다. 복권은 여유가 없을수록 더 집착하게 만드는 경향이 있다. 돈이 궁해 생활고로 몹시 힘든 시절을 보내던 어떤 사람이 친척에게 돈 10만원만 달라고 했다. 그가 10만원을 빌려서 어떻게 쓴 줄 아는가? 죄다 복권을 사버렸다고 한다. 결과는 물론 꽝.

　복권은 수많은 사람의 푼돈을 한 두 사람에게 몰아주는 것이다. 따라서 확률은 지극히 낮고도 낮다.

　얼마 전 복권 시스템을 운영하는 사람에게 들은 이야기다. 시험 삼아 그 시스템을 통해 20억원어치 복권을 샀는데, 그 많은 복권 중에서 단 한 장의 1등도 나오지 않았단다. 그는 '결국 복권은 허망한 것이다' 라고 증언했다.

　아직도 복권을 통한 부자의 헛된 꿈을 꾸고 있다면 당신의 윤택한 미래는 영영 찾아오지 않을 것이다. 복권은 가난한 자에게 매겨진 세금이라는 사실을 명심하자.

출처-시사저널 제 792호 별책